读客中国史入门文库

顺着文库编号读历史，中国史来龙去脉无比清晰！

顺道者胜

曾仕强 著

图书在版编目（CIP）数据

顺道者胜 / 曾仕强著． —— 南京 ：江苏凤凰文艺出版社，2025.6.（2025.6重印）—— ISBN 978-7-5594-9216-6

Ⅰ．B223.15

中国国家版本馆CIP数据核字第20253WS477号

顺道者胜

曾仕强　著

责任编辑	丁小卉
特约编辑	李　宣　乔佳晨
封面设计	温海英
责任印制	杨　丹
出版发行	江苏凤凰文艺出版社
	南京市中央路165号，邮编：210009
网　　址	http://www.jswenyi.com
印　　刷	三河市中晟雅豪印务有限公司
开　　本	880毫米×1230毫米 1/32
印　　张	8
字　　数	186千字
版　　次	2025年6月第1版
印　　次	2025年6月第2次印刷
标准书号	ISBN 978-7-5594-9216-6
定　　价	59.90元

江苏凤凰文艺版图书凡印刷、装订错误，可向出版社调换，联系电话：010-87681002。

目录

上编 《道德经》的奥秘　001

◉ 第一章　老子传道：今天我们为什么还要读《道德经》　003

◉ 第二章　上士闻道：道可道非常道　011

◉ 第三章　人生的价值：水善利万物而不争　019

◉ 第四章　究竟何为道：道生一，一生二，二生三，三生万物　029

◉ 第五章　道的运动方式：反者道之动　037

◉ 第六章　智慧与阴谋：将欲取之，必固与之　047

◉ 第七章　柔弱胜刚强：弱者道之用　057

◉ 第八章　顺应自然：道常无为而无不为　065

◉ 第九章　知识与知道：为学日益，为道日损　075

◉ 第十章　无中生有：天地不仁，以万物为刍狗　085

下编 《道德经》与生活 093

⊙ 第一章 如何修道 095
  一 推拖拉中藏玄机 097
  二 吃亏就是占便宜 101
  三 老实人才是真正的聪明人 104

⊙ 第二章 品德修养 109
  一 "无"是那只"看不见的手" 111
  二 眼见未必为实 114
  三 以道观物，天人合一 117
  四 常回归道心才会长久 122

⊙ 第三章 功成不居 125
  一 "对待"的观念 127
  二 道永恒变动 131
  三 顺应民意是为圣人 134
  四 圣人无为，功成不居 137

⊙ 第四章 人道与天道 143
  一 损有余而补不足 145
  二 虚掉心中的执念 148
  三 圣人为腹不为目 154
  四 修内杜外 157

- 第五章　上善若水　　　　　　　　161
  - 一　道以冲虚为用　　　　　163
  - 二　向水学习好修道　　　　166
  - 三　观水习治国　　　　　　172

- 第六章　知的智慧　　　　　　　　179
  - 一　知常曰明　　　　　　　181
  - 二　不出户知天下　　　　　184
  - 三　知者不言，言者不知　　188
  - 四　知者不博，博者不知　　192

- 第七章　人生三宝　　　　　　　　195
  - 一　无我方谓慈　　　　　　197
  - 二　尊道贵德方能俭　　　　203
  - 三　不争才能成大器　　　　208

- 第八章　法治与德治　　　　　　　213
  - 一　修德以弥补法治之不足　215
  - 二　知足的满足才是永久的满足　222
  - 三　法治要提升为德治　　　227
  - 四　以德治国：老子为什么主张小国寡民　230

- 第九章　为人类谋福　　　　　　　239
  - 《道德经》与现代科技　　　241

上编

《道德经》的奥秘

第一章

老子传道:今天我们为什么还要读《道德经》

只有五千余字的《道德经》,一直被认为是中国传统文化中最难读懂的经典之一。几千年来,关于老子,关于《道德经》,有着无数的传说和猜想。流传已久的《老子传道图》中,老子难道是在向老虎传道吗?画面中那个大圆圈又代表着什么意思?而这样一幅画,又能为解读《道德经》带来什么启示呢?

我们这一次来探讨老子的《道德经》。为什么要讲老子的《道德经》，原因当然有很多，我们将会详细地来说明。

探讨《道德经》，可以有好几条路走。我们常说"条条大路通罗马"，这表示罗马城实在太大了。如果只是一个小城镇，大概只有一条路可以穿过去；一个中等城市，了不起四五条路而已。同样，《道德经》这本书所蕴含的道理，实在太大了。不管你从哪一方面去思考它，从哪一条路去研究它，都能入得其门径，也可以说"条条大路通《道德经》"。那么，我们现在要选取哪一条路来走呢？每一条不同的路，都有不同的风景；每一条不同的路，都会指引给你不一样的《道德经》。我们这次要选择一条比较崎岖的、很少有人走的路，一条能够拓宽我们视野的路，这就是为什么《道德经》叫"真经"。

其实，在魏晋以前，《道德经》原本不叫"道德经"，那时候根本没有"道德经"这个名词。它叫什么？就叫"老子"，表示这是一本老子所写的书。至司马迁作《史记》，当中的《老子列传》云："老子修道德，其学以自隐无名为务。"点明"道德"二字的主旨。再到魏晋之时皇甫谧撰《高士传·老子李耳》云，"作《道德经》五千言，为道家之宗"。这才有了"道德经"的称呼。到了唐朝，唐玄宗把《道德经》尊称为"真经"，这就更了不起了。其意是说《道德经》是真的。那别的经怎么办呢？难道就是假的吗？

这里我们可以举个例子加以说明。你到古董店去，看到一个古董，很喜欢，就问老板："这个古董是真的还是假的？"老板会说："这个不是假的。"他不直接说这个是真的，或者直接说这个是假的，而只是说这个不是假的，是什么道理？古董店老板的意思就是说，他也不知道是不是真的。这个例子很耐人寻味，其实真和假不一定是相对的。我们一般人都认为是假的就不是真的，这种想法太简单了。

大家从《易经》的观念里面应该得到启发，真的很少，假的也很少，最多的东西是什么？就是非真非假，亦真亦假的。有一部分是真的，有一部分是假的，还有一部分真假难辨，而且真假难辨所占的比例反而更大。所以，我们现在要读老子的书，首先要记住，真假之间，还有一个东西叫作"实"。

中国人经常讲要说实话，很少讲要说真话。因为我们的能力有限，充其量只能说实话。科学能告诉我们实话，说这一件事情经过了科学的证实。我们用"证实"，而没有用"证真"一词。谁也不知道是真的还是假的，所以只能是证实，表示说看到了，做实验证实了而已。

有一个词语，大家先把它搞清楚：到底是"眼见为真"，还是"眼见为实"？中国人比较喜欢说"眼见为实"。因为我们知道眼睛只能看到实的东西，但是究竟它真不真？不确定。而且在大多数情况下，都是不真的。比如，世界上有那么多的颜色，我们只能看到其中的一部分，很多颜色我们是看不见的。眼睛的功能有它的局限性，你怎么知道你看见的就是真的？有了这样的认识，我们就很容易进入老子的思维。

事实上，眼睛常常会欺骗我们，比如原本一个静止不动的图像，当你的眼睛移动时，就会觉得它在旋转，而且你越紧张，它旋转的速度就会越快。老子早在几千年前就告诉我们，眼见并不为真。讲到这里可以看到，老子给我们的影响，也是一阴一阳，好坏都有的。

我们说中华文化的精华是《易经》，老子的《道德经》是在解释《易经》里面最高深的那一部分内容。他从这个角度，告诉我们要怎么做。可是我们却经常反其道而行之，这是让老子很无奈的地方，也是我们不开篇就讲《道德经》，而要进行这么长的铺垫的原因。我们一定要把这些基础打牢，把长期以来被误解的，以致产生破坏性的东西先挖掘出来，讲明白，说清楚，然后才能用一种正确的心态去了解老子。

老子作《道德经》，凡五千言。其实，他一共写了五千多字。中国人讲《道德经》五千言，如果按照西方标准，就是不能超过一个字，否则就是不真。中国人不可能这样。老子写的时候，能够写一个字算一个，算到五千字就切断了吗？那这算什么文章？所以，当我们讲老子的《道德经》一共有五千个字的时候，我们就知道它前后会有一些弹性——可能少一点，也可能多一点。现在《道德经》这本书的版本很多，其中有一个版本，整整齐齐切成了五千个字，反而不可能是真的。当然，我们今天感到很遗憾，因为老子亲手写的那一部经散佚了。我不知道这是好事还是坏事。它不见得是好事，也不见得是坏事。这些都值得我们去思考。

所以讲到这里我们就非常清楚，读老子的书首先要检讨自己。我们现在都是按照自己的常识来判断这个对、那个错。但是一定要记住，我们的常识本身也有问题。标准不同，借以进行判断的结果也就不一样。因此，我们必须抱着很冷静、很恭敬、很真诚的态度，好好来听听老子的话，回过头来调整自己，而不是用自己的标准来评判老子的是与非、功与过。我们不是来批判老子的，也没有必要。要了解老子，必须结合他当时的生活情境，而不是借由我们现在的生活方式加以想象，这是不可以的。我们真的很幸运，因为我们有老子生活的素材。

在朋友家里面，我无意中看到一幅画，如果这幅画没有标题的话，我也不晓得它在讲什么。画上画了一个老人和一只老虎，那只老虎好像跟老人很亲近。当时我猜测他是驯兽师，专门驯服老虎。再者，老人后背的圆圈到底是什么？这是个关键问题。你说那是太阳，真的是太阳吗？你说是月亮，真的是月亮吗？你说我知道了，那个圆圈代表圣人有很大的能量，是这样吗？其实，如果我们设身处地想想，就能明白，这个圆圈既不代表太阳，也不代表月亮，更不能代表什么能量。因为在老子的观念里面，没有这些东西。

这个圆圈就是"道"。老子跟老虎讲什么话呢？就讲道。只有这个"道"，老虎才听得懂。因此，我们就知道，此话的含义就是：二老在谈道，一个"老"叫老子，另一个"老"叫老虎。大家可能会有疑问：这是什么意思，老虎是百兽之王，它是最凶猛的，谁敢去和老虎说话，老子为什么要去跟老虎说话呢？这才是我们最应该思考的地方，同时也是能够给予我们最大启发的地方。它告诉我们，老子在《道德经》中讲的是真话，而真话是高度危险的东西，就好像跟老虎讲话一样，这样理解就对了。

老实讲，每一部"经"，我们不敢断言它们是否始终在说真话，但是它们都在说很妥当的话。它们各有不同立场，以各自立场为出发点，讲出很妥当的话，就成了一家之言。可是老子一看，你们这样各说各话会造成很多的混乱，各说各话就不能轻松辨别真伪。我们讲到这里，大家应该恍然大悟，我们现在的时代，其实跟老子那个时代相差不远，都是多元化——公说公有理，婆说婆有理，到底谁有理，谁都不知道。所以，老子才很着急，这样下去还得了？所以他就想讲真话。这个时候他就抓住机会，豁出去了，就写了真话，然后莫知其所终。

从这个角度来了解《道德经》，我们猜想老子会比较高兴。因为我们终于理解他在讲些什么，以及他这样讲的原因。还有一个更深层的意思，就是我们每次听到那个特殊的成语，都知道它是在讲中国社会，这个成语就是"卧虎藏龙"。老虎是卧在那里的，为什么卧在那里呢？因为它够凶猛。一只够凶猛的动物，它随时可以卧倒，根本不必在乎由此可能带来的危险。你能把它怎么样？你惹它，它一站起来你就完了。老子呢？老子是龙。老子为什么是龙呢？这是孔子讲的。

老虎是卧虎，老子是藏龙。大家可以猜一猜，到底谁是强者谁是弱者？老虎当然强了。为什么老子所讲的都是弱和柔？因为他知道，柔弱胜刚强。

我们从《老子传道图》这幅画里面可以看出很多东西来，包括画这幅画的人，他本身也是出身于道家，并且是修养很高的人。他什么都不说，就这么画一画，看大家能够悟到多少。可是老子也是不讲悟的。我们慢慢会懂得，不要用我们的常识去理解老子，否则会冤枉老子。当时他大可以优哉游哉地过生活，干吗写完之后，就莫知其所终？这是有玄机的，就是要提醒我们，人应该说真话，不说真话算什么人呢？可是在这之前你要想想：第一，你有没有能力说真话；第二，你说的真话人家会不会相信。

大多数人经常是不相信真话的，反而对人家说的假话信以为真。事实上到现在还是如此，你说了真话，最后很可能反而被笑话。因此，上面所讲的那幅画，其标题很简单，只有四个字：老子传道。

我们今天敢在这里讲，不是说我们不怕老虎，也绝对不是说我们比老子高明，没有这回事。而是说新的理解路径，让我们可以不必冒误解老子那么大的风险。我们开始要讲真话。但是不管怎样讲真话，永远是得罪人的，讲真话永远是对己不利的。既然如此，为什么还要冒这么大的风险来讲《道德经》呢？大家慢慢听下去就可以了解。

现在民智已开，资讯充分，大家经过多元化的激荡后来讲真话，这是最好的时机。如果现在再不说真话，那人类真的是太危险了。我们不是冒险，也不是故意标榜，而是要把这几千年来对老子的曲解、误解改正过来，现在时机已到。我们讲完以后，大家会觉得：哎呀，那真是我们这个时代最需要的东西！这才是我的真正用意，但愿我这么长时间的准备和苦心能对社会有所助益。

既然这样的话，应该从哪一句话开始？相信大家一想就通。当然从第一句话"道可道非常道"开始。老子会把它摆在第一句写出来，当然有他的用意。所以接下来，我们就要讲为什么"道可道非常道"，从这里我们开始进入老子的思想。

第二章

上士闻道：道可道非常道

《道德经》开篇第一句：道可道非常道。自古以来，人们对这六个字有着众多的解释。因为古代文字没有标点符号，所以只要把标点放在不同的位置，就会产生不同的含义。曾仕强教授认为，这六个字可以有三种不同的读法，从而产生三种不同的意义。那么这三种读法是什么？这六个字究竟又应该如何解读呢？

我们读一本书，最喜欢讲一句话，叫作"开宗明义"。就是说，一开始就要告诉我们，这本书讲的是什么内容，最主要的思想是什么。《道德经》第一章，开篇就是："道可道非常道。"我们必须了解，老子著述之时，是没有标点符号的。

"道可道非常道"，这句话最起码有三种不同的断句方式。第一种：道，可道，非常道。这告诉我们，道之可说的那一部分，不是所谓的长恒不变之道。这样我们就了解到，道最起码由两部分组成。一部分是常道，另一部分不是常道，即非常道。这就非常清楚了，一部分是可道的非常道，一部分是不可道的常道。为什么常道不可道？因为常道是一个完整的系统。一个人只有一张嘴巴、一个头脑，怎么可能讲得那么周到？所以就形成一种倾向，你说出来的部分，我不谈；我专门在你还没有说到的部分，跟你对抗。意思就是说，你说东的时候，我就说西；你说西的时候，我就说东。这就叫"公说公有理，婆说婆有理"，也是我们看到的事实。一直到今天，还是如此。

第二种：道可，道非，常道。意即有人说你对，就有人说你不对。只要有人说这样可以，就有人说这样不可以。这是常态，这个就叫作"常道"。常态永远有正反两面。其实正反应叫"正负"。数学里面，有正数就有负数。以前，没有"正负"这个概念，所以叫"正反"。正反之"反"也不一定就是相反的意思。如果我们只把它看成相反，是很危险的。在这方面，我们要特别小心。

第三种断句，也是一般最常用的：道可道，非常道。这句话才是有高度危险性的。

我们来看一下《老子传道图》，以老子当时的心情来讲解《道德经》，这样才可能知道这幅画为什么会是这个样子。老虎代表什么？它就代表诸子百家。诸子百家都非常有学问，讲得都很有道理。但是，我今天抱着一颗很诚恳的心冒犯大家，希望大家谅解。你们所说的都是道，没有错，但只是道的一小部分，大家没有办法把道完完整整地说清楚。这不是你们的错，而是因为语言文字的限制。我现在只希望大家能懂得，我自己也永远不可能把真相都说清楚。我只能把自己所看到的、所体会到的说出来。所以，我所说的也只是片面的道理，而不是全部的道理。希望我们每个人，都不要过分自我张狂，不要过分自我膨胀，也希望来学习的人不要认为我的学说就是全部的道理。

老实讲，在当时的氛围里，诸子百家斗来斗去。你一个人敢向诸子百家挑战吗？人家也会问你，难道你讲的就是全部的道理吗？这就是这幅图里面所表现的当时的状况。我们到现在为止还是同样的情形。有句话我们要反复放在脑海里面，就是每个人只有一个头脑、一张嘴巴，何况还有自己的特殊立场，怎么可能把所有道理都讲完呢？这是一种局限性。老子也知道，一旦他开口讲话，他就将面临重大的风险。

中国神话中的人文始祖伏羲氏替我们开了一扇做学问的大窗口，就是"天人之学"。什么叫"天人之学"？就是做学问要从"天垂象"开始。因为人活在天地之间，不可能离开天地，我们必须了解天地才有办法找到自己的生存之道。虽然天不说话，但它会很真实地把真相、本相完完全全透露给我们。因此，中国人很喜欢看天象。

《道德经》第四十一章说："上士闻道，勤而行之；中士闻道，若存若亡；下士闻道，大笑之，不笑，不足以为道。"讲得多么生动！高等智慧的人，听到道以后，没有什么反应，因为他知道，道不是用来讲的。道如果讲，是永远讲不清楚、永远会有偏失的。道是用来力行的，一步一步从实践当中去了解道。所以，我们常问别人：你行不行？"行不行"其实跟这个有密切的关系。

中等智慧的人听到道以后，好像听得懂，又好像听不懂。他觉得好像有什么地方不清楚，可是又不知道到底是什么。"下士闻道，大笑之"，到现在还是这样。越是那种听不懂的人，越会大笑，认为你乱讲，认为肯定不可能有这种事情，好像他比你还懂。听完了之后，一脸不认同、一脸怀疑的，这还算好的。有些人甚至你还没有讲完，他就开始攻击你、否定你。老子说，他真是太差了，他的智慧完全没有开发出来。但老子马上又把自己的心思藏起来，说这也没什么，不被嘲笑的，不足以成为道。

大家看到老子给老虎讲道的画，肯定会怀疑：这个是老虎吗？因为你发现它头上没有斑纹嘛。老虎，最了不起的就是它那个斑纹，什么野兽看见那个斑纹都怕。现在没有斑纹，那这画是不是还没有完成呢？当然不是。你看老子，他有没有动手动脚？他怎么敢动手动脚呢？他就动一根手指头而已，这就叫"一指神功"。他就动了这么一根小指头，嘴巴有没有张开，我们不清楚，他在想什么，我们也不知道。可是这只老虎就服服帖帖的，连斑纹都不见了，所以我们给这幅画拟了一个恰当的标题：上士闻道。

当然，老虎也可能是中士，还可能是下士。如果是下士，老虎的斑纹就出现了，两条腿就要站起来了，然后大吼一声，老子就不见了。我们今天也就不用伤脑筋，去读什么《道德经》了。如果是中士，老虎就会在这里摇头晃脑，眼神完全不一样，斑纹若隐若现。现在老子讲的话，让老虎把自己的斑纹都藏起来，可见老虎是上士。

老子没有直直地站在那里，而是弯下腰来跟老虎讲话，这是什么意思？同时，大家有没有发现，老子的脸跟老虎的脸是相对的，让老虎的斑纹都消失了，这是靠什么呢？

这主要靠《易经》里面讲的那个"应"——不是应不应该，而是有没有感应。人与人互动，靠的是感应，不一定看嘴巴，不一定靠言辞。说得再多，不如把你的信息透过无形的方式传达给对方，这个叫心连心。但是我们现在都太相信嘴巴，非讲不可，以至于感应的能量越来越小。这也是我们看到这幅画之后，应该要引以为戒的。

不管是在日常生活中，还是在工作中，我们为什么都推来推去，不先说话？老子在《道德经》第七十章里面讲了一句话，值得我们仔细体会。他说，"吾言甚易知"，我说的话很容易了解；"甚易行"，我说的道理很容易做到；但是，"天下莫能知，莫能行"。这不很奇怪吗？

老子所讲的道理简单无比，他是在以他独特的方式解释《易经》。《易经》本来就很容易，把它讲得那么复杂干什么呢？其实是我们自身出了问题，所以才会把学问搞得这么复杂。"吾言"

其实也不代表老子的话，老子从来没有说这是他的话。我们经常听到的这些话，大部分是从《易经》中来的。"甚"就是非常的意思，"甚易知"，即非常容易听懂，非常容易了解。可是你非要自作主张，用你主观的意见，把它弄得很复杂、很难懂。这能怪谁？"甚易行"，你去做，一做就做出来了。但事实却是"天下莫能知，莫能行"。老子讲的是真话，这些道理没有什么难的。你去做，就能做得出来，你做出来了，就明白了。

可是事实呢？"天下莫能知"，整天在那里写文章、做研究，搞半天越弄越迷糊，越弄大家越看不懂。"莫能行"，这一句话，其实是达摩到中国之后才警告我们的，可惜我们还是没听懂。据说达摩到中国时已经一百三十多岁了，他那么老了，还到我们中国来干什么呢？他来传达一个很重要的信息，就是我们太喜欢做学问了，所以把佛经当作学问来研究，研究到最后，很少有人把它付诸实践。我们很多都是知而不行，只修不行。达摩在告诉我们这个。可我们依然故我，整天诵读、研究、背，唯独没有行。

因此，这一次我们从头再讲《道德经》，并非为了标新立异，也不是说我要另外树立一派。因为那是笑话，而且是没有必要的事情。我只是希望大家知道《易经》是用来行的。所以，尽管百姓每天使用却不知晓，都没有关系。你做出来，真正在用，就好了。我们要把《道德经》应用在自己的日常生活当中，在生活中印证、实践。我想这才是老子当年的真意。

我们的所有学问都是为人生而做。所以接下来，我们就要来探讨：人生真正的价值是什么？

第三章

人生的价值：水善利万物而不争

人生只有短短的几十年，每一个人都是赤裸而来，空手而去，那么人生的价值体现在哪里呢？有人说"人不为己，天诛地灭"，人就是为自己活着的。而曾仕强教授认为，我们对这句话的理解，是完全错误的。那么，"人不为己"的真正含义是什么？古人又为什么说"人在衙门好修行"呢？

既然要做人，就要做一个有价值的人，我想这是大家都能够接受并认同的一个观点。世界上几乎所有人都有这样的疑问：人生最高的价值是什么？对此，一千个人有一千个答案，纷繁芜杂，不一而足。

　　对于这个问题，老子的回答非常高明。他告诉我们，人生的最高价值就是 X。大家猛一听会觉得奇怪，难道老子当年也讲英文？没有。我们现在有了代数的概念，知道任何事情都可以用这个假设的 X 来代表。而老子，当年用一个跟 X 一样的名称，也就是"道"，来代表万事万物。"道"是个假设性的东西，因为到底什么叫作"道"，直至今天还没有人能够完全弄明白，完全讲清楚。所以，我们只能这么说，"道"是一个抽象的假设性的名词，它的范围非常广大，它可以包容所有具体的事物。就像 X，它可以等于一，也可以等于二，还可以等于无穷大。道也是一样，我们生活的方方面面都离不开道。可见，它的范围非常广，可以包罗万象，把我们所有能够说出来的最高价值都包含在里面。

　　人生一世，价值几何？这是每一个人都想知道的。但各有各的说法，每种说法都有其道理。老子只用两个字来概括人生价值，叫作"行道"。道是用来行的，不是用来讲的。你说了半天，倒不如身体力行来得实际。但行的是什么道？老子告诉我们——"道法自然"。此处的这个"法"不是仿效的意思,如果说道还要仿效自然,就表示道跟自然还有一段距离,那道和自然孰高孰低,就难以判断了。"道法自然"这句话是说,道纯任自然。道就是自然,自然就是道,这两个是合在一起的。

老子的"道"讲的就是自然。可是自然中万物俱存,天上的行云、地上的流水都是自然。这样,就不容易找到一个统摄万物的焦点。因此,他用"道"来代表所有的自然物。那自然里面给我们印象最深刻的是什么?大家一想就知道,叫作无私的奉献。小草到了春天就开始萌芽,然后生长,但生长以后并没有只为自己,就算牛羊过来吃它,它也不跑,再说它也跑不动。但问题的关键不在于此,它不是不愿意跑,也不是不敢跑,而是根本就没有跑的概念。"你要吃我,那就请吃吧。"它没有抱怨,什么都没有做,这就叫自然。再看潺潺的流水,滋润土地,滋养生物,但它无求于受它恩惠的任何生命。"水善利万物而不争",这就是无私的奉献。

由此可见,人类的价值何在?人类最高的价值就是如水一样,善利万物而不求一己之恩泽。每一个人都是社会人群的一分子,如果每一个人都敬奉着天地,来为整个人类做奉献,那这就是无比的生命价值。

可是很多人对此很不以为然,他们信奉的是"人不为己,天诛地灭"的人生哲学,觉得人本来就自私,认为人如果不自私,连老天都不放过,都要天诛地灭。其实这句话长久以来都被解释错了,因为这不符合自然,不是道。道告诉我们,万事万物都是尽其本性而已。树叶遮挡阳光,它自然遮阴。人躲在树荫之下,树不会鸣不平,不会干预你,也不会收你的钱,更不会认为自己为人遮阴就有功劳。那为什么人一定要自私呢？既然万物都不自私，作为万物之灵的人却自私，这说不过去吧？其实，"人不为己"这四个字，要从"名可名非常名"的角度来看。这里的"人"，并非指哪一个具体的人，而是指所有的人。这里的"己"，不是自己，而是人之所以为人的本性，也叫作"自性"。

"人不为己，天诛地灭"的意思是说，如果人类不能够坚守老天（自然）赋予我们之所以为人的本性，那人就不存在了，不就是天诛地灭吗？所以，人的存在是因为有人性，狗的存在是因为有狗性，猪的存在是因为有猪性。这才叫自然。所以，这一句话跟自私自利一点关系都没有。可是长久以来我们一直误解它，这是我们自己的问题，跟这句话本身没有关系。我们犯了错不能推到这句话上面。

《道德经》第七章有一句话："圣人后其身而身先。"这是什么意思呢？就是圣人懂得甘居人后。那么，既然甘居人后，怎么又会"身先"呢？就是说你退到众人的后面，众人反而更加敬仰你，认为你了不起。你有功劳，但是从来不居功，虽然你是领导，但是你很谦虚，如此必能获得人们的爱戴。所以，你要懂得往后退，你一退大家就跑到前面去了。虽然你位居其后，虽然你功成不居，但是大家更敬仰你。你越是让他们放手去做，他们越是能做得超出你的想象。

"后其身而身先"后面还有一句"外其身而身存"。"外其身"，就是一切都是身外之物，不要用自己的利害关系来衡量事情，只要大家顺势去做就可以了，不必太计较自己的荣辱得失。结果呢？就能"身存"，就是此生的精神生命得以长存。其实，老子对"身"的讲法有很多，不同的情景下，所代表的意义不同，我们要设身处地地去琢磨。

此章接下来说："非以其无私邪？故能成其私。"这是什么意思？"非以其无私邪"，不正是由于他处处没有私心，处处为别人着想，才能"成其私"吗？

这个"私"便是指一个人的理想、抱负和愿望。为什么一定只有私自的占有才叫"私"呢？理想的实现，抱负的施展，个人愿望的达成，大家的帮忙，这些也是"私"。可见，老子意在告诉我们，不要总是停留在物质层面，在那些看得见的东西上斤斤计较，反而忽略了看不见的、更加重要的精神层面。一个人最高的价值，就是能够把自己要对人类社会做贡献的良好愿望一步一步地实现。这并不是很容易的事。为什么？因为一不小心就会走错方向，最后成了私意。很多时候，就是因为这一点点差异，后果不堪设想。

因此，老子在《道德经》第三十八章特别写了这几句话："上德不德，是以有德；下德不失德，是以无德。"这里的"德"就是得到的"得"。你有得还是无得，就看你有没有按照道去走。如果按照道去走，就有所得，就叫作"行道有所得"。上德的人，不自恃有德，凡事都按照自然规律来做，顺其自然，而不过多地考虑利害结果自然能有所得。如果过多地考虑利害，就已经失道了。

"下德不失德"，就是说那些下德的人，心里老想要得到，不能放弃其得失之心，所以也就忘记了"道"。他自己乱出花样，最终也就无所得了。其实，这样的概念，很多人都能隐隐约约感觉到，可就是不相信有这种事。尤其现在的人，动不动就是结果第一，过程第二；或者只关心绩效如何、效益怎样；或者过分关心别人对自己的看法，关心自己能从这种荣誉中获得多少好处。

因此,我们读老子的书,一定要在自己的日常生活当中实践,要改变自己的思维和习惯,然后才能慢慢上道。我们讲,这个人很上道,就是这个意思。

"人在衙门好修行",这是一句很古老的话,但是很多人看了以后都觉得奇怪。如果要修行,那也是到寺院里去,到山里去。衙门是官府,跟个人的修行有什么关系?如果你有权力、有资源,然后一切依道而行,按照自然的规律一步一步去享受那个过程,在这个过程当中,所有人享受愉快、幸福的生活,这就叫修行。修行就是自己好,别人好,大家都好。其实这样说,还是有些偏离了老子的思想。

老子说,只有连什么是好都不知道的时候,才是真的好,也就是根本没有什么好与不好的概念,所有人都觉得这样过日子很正常,不存在合适不合适的分别。那些所谓的报酬、奖励、绩效都不是目的,只是手段而已。你如果把它们看成目的,那就会天天苦恼。每天清晨,一睁开眼睛就是柴米油盐等一大堆事情,这不是失道吗?如果你能想到既然是个人,就要按照人性去做,这才对。而人性是什么?人性就是道德,就是无私的奉献,结果如何不必刻意去判断。因为只要大家都没有"结果"不同的感觉,那就是最好的。一个人,本来没有什么不平的观念,可你偏偏要将之传达给他,这不是自找麻烦吗?当我们把手段和目的混淆以后,就会制造出很多摆脱不了的苦恼。

老子的经,叫《道德经》。很多宗教也都在讲道,但都只讲了道的一部分。换句话说,所有宗教都是指向"道德"的一只手。而老子的道无所不包,可以包容所有的道。

今天人类最苦恼的,就是宗教与宗教之间的相互排斥甚至敌视。一个人，你信这个教就不能信那个教，这很麻烦。《道德经》第十八章里面说："大道废，有仁义；智慧出，有大伪。六亲不和，有孝慈；国家昏乱，有忠臣。"老子的意思很清楚，大家不要再讲所谓的仁义，因为大家一讲仁义，"大道"就消失不见了。如果"大道"可以畅行无阻，还需要什么仁义吗？根本不需要。如果大家都高高兴兴的，还有必要让大家都不要苦恼吗？

按照道行事，根本就没有必要谈仁义。不管做什么事，大家都凭良心去做的时候，也就没有什么防伪和打假的必要了。你有智慧，却不好好去走道的路，非要走那种跟道相反的路，那又怪谁呢？如果一个家庭很和乐，我们就不用在那儿鼓吹孝敬父母、关爱子女之类的话了。因为人家都已经做到了，再讲这个不是废话吗？所以，在家庭和睦的一家人面前，我们千万不要再讲什么孝悌的道理。讲了就是丢脸嘛。

现在大家都不相信道德，因为我们已经被灌输了一种很奇怪的想法，即道德不但无用，而且害人不浅。古代的圣贤从大自然里面明白了一个道理——我们用"明白"，而不用"觉悟"，因为老子最高明、最伟大的地方，就在一个"明"字。大自然的一切，都是在讲一句话：吃亏就是占便宜，占便宜就是吃亏。这句话有谁听得懂呢？一棵小草，如果牛羊都不去吃，最终它会枯萎的。如果不是被牛羊践踏，它的生命力可能就不会那么顽强，最后一季比一季衰减。这就像人，遭受打击多的人，生存能力就强大。

现在很多人，一听到"吃亏就是占便宜"，就非常火大，很不以为然。他们认为吃亏就是吃亏，还占什么便宜？不要自我安慰！这种人就是"下士闻道"。我们经常说，聪明反被聪明误。

其实一个很聪明的人经常是很郁闷的,因为他未必会搞清楚自己的聪明到底要用在哪里。《道德经》第五十一章说:"万物莫不尊道而贵德。"放眼看去,宇宙万物没有不遵从道的,只是现在的人不这么想而已。天不贵聪明,人为什么要自作聪明呢?现在的人只讲利害,其实讲利害也没有错,只是我们要能认清利害的真面目,而不被那种假的利害所蒙蔽。

我们真的要重新来了解一下,道真的那么难讲吗?道真的那么玄妙吗?难道我们历经了这么长的历史,经过那么长久的努力,还没有办法比古人更进一步来了解道吗?所以接下来,我们就要来深一步探讨:道究竟是什么?

第四章

究竟何为道：
道生一，一生二，二生三，三生万物

老子在《道德经》中告诉我们，道无处不在，却没有形状，也没有声音，看不见，摸不着，既无法用语言来形容，也不能用五官来了解。那么，这个道究竟是什么？它对于人们的生活有哪些重要的影响？人类社会为什么一定要"依道而行"？我们又该用什么样的方法来了解道、认识道呢？

道究竟是什么？虽然老子没有提出一个明确的概念，甚至任我们随心所欲地去理解、去阐释，但我们最好还是尊重老子的原创性。因为"道"是他提出来的，虽然这是一个假设的名词。所以，我们从《道德经》来探讨老子的道到底为何，应该是一条比较合理的途径。

老子在《道德经》第二十五章中说："有物混成，先天地生。寂兮寥兮，独立不改，周行而不殆，可以为天下母。吾不知其名，字之曰'道'，强为之名曰'大'。"这个"物"就是道。道是混成的，你看它含含糊糊搞不清楚，可是它确实是存在的，所以叫作"有物混成"。它的特点是什么？"先天地生"，它比天地出现得还要早。这是不是说是"道"把天地生出来的？不是，而是说在一片混沌的时候，道就存在了。然后在开天辟地的时候，道就开始产生万物。尽管如此，老子还是要替我们描述一下，这个混成的"道"是怎么回事。"寂兮寥兮"，"寂"就是寂静的意思，没有声音，不声不响；"寥"是没有形状，你看不出它是什么样子，不知其所由来。但它"独立不改"。它独立于万物之上，可是它又恒久不改，从来没有离开过万物。"周行而不殆"，它运行在宇宙之中，永不停息。"可以为天下母"，它是天下万物共同的母亲。

道，早在天地形成以前，一片混沌的时候，就已经存在了。天地形成之后，万物才慢慢演化出来。而道就附在万物的身上，但它还是道。"吾不知其名"，因为本来就没有名，也没有人知道那是什么。所以，老子很诚实，他说："我只知道有这么一样东西，可也没有人给它起名字，我也不方便给它起名字，更不知道它应该叫什么名字。""字之曰'道'"，所以暂且把它叫作"道"吧。"强为之名曰'大'"，这里的"名"是形容的意思，因为这个道实在太大了，没法用一个具体的名字来命名。这是老子对道的初步描述。

即便如此，我们对道还是不理解、不清楚。这让我们想起老子在《道德经》第二十一章中所说的："道之为物，惟恍惟惚。"什么叫作"恍惚"呢？这是什么意思？《道德经》第十四章也这样说过："视之不见，名曰夷；听之不闻，名曰希；搏之不得，名曰微。此三者不可致诘，故混而为一。"道是混成的吗？是由什么混成的呢？它是那种看不见的、听不到的、摸不着的东西混为一体而成。所以，坦白地讲，我们很难去追究它到底是什么。

我们已经说过了，当你摸得很清楚，看得很明白，拿在手上都可以把玩的时候，就叫"器"。器是道的一部分，但是它不能代表道。所以，现在的人常常说"你跟我说清楚一点，我怎么看不明白"。其实这种说法都是不合适的。

"视之不见"，就是你去看它，看来看去最终也看不出它的样子来，这就叫作"夷"；你用心去听，听了半天也听不出声音来，那就叫"希"。夷是没有色，希是没有声。你用手去摸索、去触碰，碰不到东西，这叫"微"，就是无形的意思。无色、无声、无形，代表什么？代表道的虚无性。道，是虚无的。正因为它是虚无的，所以可以变成我们看得见的所有东西，变成所有很具体的东西，这就是它很特殊的地方。所以老子说，道实在大。

那怎么办？就是要你静下心来求之以神。这个"神"，也不是说外来的主宰，而是说你要用感应来了解道。因为"神"就是用来感应的。我们今天还在讲，我跟某人神交已久。神交就是靠感应。我们会去想，这到底是怎么回事？

因此，我们接着看老子的话："其上不皦"，"皦"就是光明的意思；"其下不昧"，"昧"就是昏暗的意思。"其上""其下"怎么分？"其上"是道本身，道本身没有光亮；"其下"是道德化身，它化成万物的时候，万物都很具体，都看得见、摸得着。你说它光明吧，它没有光明。因为如果它真的一片光明的话，你就看得见它了。你说它昏暗吧，它也不昏暗。因为它显现出来就是很光明的，所有物体一显现出来就很清楚。上下就构成了这个道德全体，就是一阴一阳。道既有隐的部分，也有显的部分；既有看得见的部分，也有看不见的部分；既有摸得着的部分，也有摸不着的部分。听到声音，你马上就提高警觉性，它一定还有一部分是听不到的。

下面老子说得更加玄妙："绳绳不可名，复归于无物。""绳绳"是无边无际的意思。"不可名"就是不可名状。它无边无际，到最后通通又回来，还原到不具任何形象的道，就叫混沌。这个混沌是什么？就是你说它没有，它有；你说它有，它没有。道就是这个样子。你要什么，它就生成什么。没有道，哪里有电灯？没有道，哪里有高楼大厦？没有道，哪里有桥梁？这样的例子有很多。

道无边无际，但它又是万物共同的归宿。高楼大厦最终都不见了，它们去哪里了？回到道那里去了。再宝贵的东西，最后不都是回归于无吗？回到道，然后道又生出万物，万物复归于道。生生不息，这就叫循环往复，就是《易经》的道理。

老子用这种方式来告诉我们，世界到底为什么是这样子的。因为道是宇宙不变的规律。人是自然的一部分，就必须接受这样的一个规约，即按照道的轨道，遵照道的方式，自强不息、平平安安地过一辈子。你该怎么样，就怎么样。因为人是离不开道的。

《道德经》第四十二章，老子说的一段话很值得我们回味："道生一，一生二，二生三，三生万物。"道原本是混沌状态，无边无际、浑然一体的。可是这种形状、这种状态，是可以打破的。这就是我们中国人说的"开天辟地"，西方人叫"宇宙大爆炸"。大爆炸以后，从混沌的状态生出各种不同形体的物种，这就叫作"创生"，叫作"演化"。万物都是道所生，可是道依然存在。这是比较特殊的。它让万物顺其自然之性，万物该怎么样就怎么样。那道的本质是什么？老子说："功成不名有，衣养万物而不为主。"它不做万物的主人，也不做万物的主宰，万物要去循自己的道、自己的德。换句话说，道只提供本钱和机会，它只是指出方向，显示规律，借此万物可以自由自在地做万物自己。

这就告诉我们，老子没有主宰的观念。他没有说道在主宰谁，天在主宰谁。老子也不主张教条，他只是告诉我们要顺其自然。我觉得这一点很值得学习。所以，我们应该在实践中走自然、自我的道路。

我们怎样才能看出万物之中的道呢？我们用现代语言给出一种很粗浅的方法。第一步，我们面临任何事物的时候，都一定要先提醒自己：我生下来的时候，本无一物。其实，我们总是在嘴巴上讲自己本无一物，心里未必是这样想的。但是在这里，我提醒大家，每个人生下来都是光溜溜的，一件衣服也没有穿，我们的身体发肤都是受之父母的。所以，一个人一定要体会到，连我们的身体都是身外之物。人本来一无所有，然后从恍恍惚惚、一无所有的状态中逐渐地拥有，其实拥有的这些也不过是身外之物。

第二步，只有在这种心态之下，你才有办法冷静地抵制欲望的引诱，你就不会有主观而不恰当的执着。在这个时候，事物的真相就比较容易如实地显现出来。因为我们一般人都很主观，都是戴着有色眼镜，带着自己的想法去看事物的，这是不正确的。所以，你必须告诉自己，要冷静、客观、公正地看待事物。这就叫作"道心"，即以道的能量，指引我们去了解事物的本性。这样一来，你就可能会比较合理地面对它、处置它。

第三步，当你处置完了以后，要再退回来，再一次提醒自己：我原本身无一物，我也没有什么利害关系，得到就得到，没有得到就没有得到；属于我的，我尽力去争取；是别人的，我也不会去争；所以，我就心平气和。有必要去争吗？有必要采取各种手段来明争暗斗吗？没有必要。因为什么结果你都是可以接受的。过程比较重要，而结果却是不可控制的。

我们生来是为了享受过程，而不是为了某种特定的结果。这样一来，结果顺其自然就可以了。你看一件很好的珠宝，你欣赏过了，赞叹过了，至于它最终被谁买去，最终放在哪里，有必要那么计较吗？你如果买回家去，很可能寝不眠、食不安，不如放在别人家里，反倒轻松自在。

如果从道的立场来看，它是在生养万物；可是从万物的角度来看，我们都在依从道的规律。这就叫作"一体两面"。如果道只生不育，只生不管，那万物各自走各自的路，天下岂不就大乱了？道生育万物，而又不会离弃万物。意思就是说，我们经常是不知不觉地依道而行。可如果你学到了太多不遵循道的知识，反而会离经叛道，会破坏道的本质。那道的本质、法则是什么？如果只是说道是混沌的、惟恍惟惚的，那谁都听不懂道到底是什么。所以，老子在很难言说的情形下，还尽力把道的所有道理、道的法则讲给我们听，我们应该悉心体会才是。

道的法则，按照老子的意思是"反者道之动，弱者道之用"。道是靠运动产生万物的。但是它的作用是什么？就是弱，而不是强。一般认为强者才会胜，实际上柔弱胜刚强。动与用，是道的两方面，我们会逐一来分析。下一章我们就先来讲一下"反者道之动"到底是什么意思。

第五章

道的运动方式:反者道之动

被人们认为玄而又玄的"道",其实就是宇宙自然发展的基本规律。我们通过观察就可以发现,无论是自然界的春夏秋冬,还是人类自身的生老病死,无论是花开花落、月圆月缺,还是盛极必衰、朝代更替,所有的事物都在循环往复之中。那么,认知这种自然规律,对于我们有什么重要作用呢?《道德经》中的"反者道之动",又蕴含着怎样的道理呢?

小孩子为什么敢去荡秋千？因为他心里明白，荡上去之后，肯定会荡下来。如果一荡上去，就直接甩到天上去，再也下不来，你就是给他吃再多的糖，再哄他，他也不会去荡的。这是事实。

《易经》告诉我们物极必反。一般人听到"物极必反"这四个字，还不大明白。所以老子就直截了当地说"反者道之动"。道是要动的。如果道不动，它就没有作用。但是怎么动呢？用"反"的方式来动。

现在大家都知道，一切都是朝坏的方向去运动。比如，人越活越老。我们倒是非常希望自己越活越年轻，可就是做不到；制度刚开始时非常有效，可过一段时间就没有效了。所有的东西都是越来越陈旧，这就是"反者道之动"。但是这个"反"字，一共有三个意义，我们一定要搞清楚。

第一个意义是"返"，返回原点，回到起点。我们为什么很少说"始终"，多半讲"终始"？就是我们有种期待，结束就意味着开始，这样的结束才有意义。"返"是道动的根本方式，这是老子非常重视的一个字。

另外两个意义，是解释反的现象。第一个现象，就是我们的发展是从正面发展到反面。如果你不爱一个人，你会恨他吗？你没有理由恨他，就是因为爱他，所以才会恨他。这种现象就是由正面发展到反面。第二个现象，就是相反相成，对此一般人是不太了解的。因为大家都认为相反就相反，怎么会相成呢？相反就会相成，这是因为阴阳互补。只有阳，那就太高亢了；只有阴，那就太阴柔了，这样就没有活力。所以说阴阳是相反的，但它们可以互补，使彼此产生更好的作用。我们常常讲，一件事情是一体两面的，应该两面都照顾到，而不要只看到一面。

很多人听到老子说"反者道之动"，更加糊涂。所以我们有必要再解释一下。

第一，动与静相对。动是绝对的，就像人不能不动，如果你躺在床上，时间长了就会浑身酸痛，就想爬起来走动一下，这都是大家非常熟悉的经验。道是要行的，我们是来行道的。如果不行的话，就没有变化。一旦没有变化，万物就不能生长，这个道理非常简单。动，是生生不息的源泉。

第二，道以动为主，动是道的主体。凡是主体，就不能变。天底下，没有一件事情不在变化，但动是永远不会变的，没有一件事情不在动。它虽然会越走越远，但是最后到了极点的时候，一定会返回来，变回原来的样子。

第三，变化是自然的。生活虽然需要有规律，但也可以有一点变化。变化不是完全规律化的，不是完全不能变的，它是周而复始的。但这个周而复始并没有固定的轨道，就像春夏秋冬，有时候春天比较长，有时候夏天比较长，有时候又好像秋天比较长，它还是有点变化的。虽然次序不变，但是时间的长短会有些许差别。

老子在《道德经》第二十五章里说了这么一句话："吾不知

其名，字之曰'道'，强为之名曰'大'。大曰逝，逝曰远，远曰反。""大"是什么意思呢？"大"就是"逝"，就是行动。用"逝"来说明大，意即大到没有边际。道在运动，但是运动的边界在什么地方，谁也不知道。"逝曰远"，这个"远"就是我们现在所讲的"极"的意思。有一句俗语，叫作"无所不用其极"。意思就是说把任何事情都做到极致，最后却是自讨苦吃。因为到了极点之后，道就会慢慢地由极点反复，这就叫作"远曰反"，意思就是开始走回头路了。现在大家都很清楚，如果从地球上某一个地点，一直往同一个方向走，一定会走到原点的，因为地球是圆的。

"反者道之动"就是告诉我们，无论什么事物，当它发展到极点时，一定会向相反的方向发展，这就是宇宙自然发展的基本规律。老子认为，人类也是自然中的一部分，所以人类社会发展的规律，与大自然的发展规律是相通的，真的是这样的吗？

比如，不同的时期流行不同款式的皮鞋就是一个很好的例子。以前的皮鞋都是流行圆头的，但是大家觉得，人人都穿圆头皮鞋，显示不出自己的个性，于是渐渐地流行尖头皮鞋；尖头皮鞋流行了一段时间，又变成了平头皮鞋；再过一段时间又慢慢地变回圆头皮鞋了。这就是一个反复的变化过程。世界上所有的事情，其本身有一定的共性，这种共性叫作"本体"，也有一定的差异性，这种差异性表现为现象。所以，本体是不变的，可是现象会不断地变化。

历史上的科举制，其设计的意愿很好，同时也发挥了巨大的作用。可是经过长时间的变迁，尤其到了明清时代，它就失去了本来的作用，变成了禁锢人们思想的工具。很多人为了通过科举考试功成名就，就只读考试规定的那几本书，其他的书都不读了。最后,那些金榜题名的所谓学人,都变成了百无一用的书生。

一项制度,必然有其漏洞,这些漏洞一旦被人抓住并加以利用,再好的制度也就没有用了。至于哪一种制度比较好,答案是不一定。因为所谓制度,差不多都是刚开始推行的时候很有效果,但越往后越不管用,越来越不灵光。就像科举制,最后被大家抓住的漏洞越来越多,逐渐地失去了其效应,这就叫作"反者道之动"。

如果我是孩子的舅舅,我写信给他,一定称呼自己"愚舅",意即我这个舅舅很笨。为什么要这样做呢?就是因为"反者道之动"。老子在《道德经》第四十二章中写了这么一句话:"人之所恶,唯孤、寡、不穀,而王公以为称。"平常我们一听到孤、寡,就觉得很凄惨。你说自己是孤,你就可以不孤;你说自己是寡人,你就可以不寡;你说自己不穀,就可以变得穀;你说自己愚笨,就意味着你很聪明。这种事例到处都有,随处可见。所以,一个人为什么要谦虚,为什么不能自大,就是这个道理。

我们再举个例子,明清时的帝王都被臣工喊"万岁",其实这也是假的。当大家喊"万岁"的时候,人人都知道,皇帝肯定是不可能"万岁"的。当皇帝被喊"万岁"的时候,就是说他已经走到极点了,最终会极而复返,乐极生悲。物极必反,这个道理在每一个地方都可以得到印证。

《道德经》第二十三章有一句话:"飘风不终朝,骤雨不终日。""朝",就是一朝一夕的意思。"骤雨不终日",就是说暴雨不可能整天整夜地下。疾风暴雨一般来说都是很短暂的。可是大家说,你看现在暴雨一下就是一整天,高速公路瞬间就变成河流不是吗?是,可那是非常态,不是常态。如果那是常态,人就不用活了。所以,"道可道非常道"告诉我们,道有常道,就有非常道。飘风终朝,骤雨终日,这是气候异常,我们把它叫作反常,这不是常态。道是千变万化的,但它始终不失其道。否则,一味求变,变到最后,连道都不见了,那还叫什么道?所以,过分地求新求变,是非常可怕的观念。

正因如此,《道德经》第十六章才会讲这么一句话:"万物并作,吾以观复。"万物是变化多端的,它很繁复,会让你眼花缭乱,会让你不禁感叹世界上怎么那么多变化,怎么那么多的错综复杂?但是,老子说"吾以观复",意思是说你不要急,仔细看就会发现,所有的东西最后都会回归原点。高楼大厦,最后都会夷为平地;再怎么精致名贵的表,最后都被甩掉了,因为没有用了。"吾以观复"的"复",就是回到原点。

老子接着又说:"夫物芸芸,各复归其根"。"芸芸"就是繁多,是说宇宙万物最后都是"复归其根",通通回归到它的起点,那就是根本,所以叫作根源,叫作复回原点。宇宙万物不停地运动,可是它们是怎么运动的呢?老子说,是从一种叫作"惚恍"的状况,经过一系列漫长的变化,最后复归到原先"惚恍"的状态。这就叫作"出自混沌,复归混沌"。

所以,《道德经》第二十八章用了四个字,叫作"复归于朴"。我们今天常常讲返璞归真,就是说万物刚开始都是从"朴"的状态散开出去,从混沌中发散开来,但不管再怎么产生变化,最后又回到原始的状况,就是混沌的状况。人之将生,是从混沌中逐渐开启秉性和智慧的。人之将死,又开始慢慢迷糊了,最后昏昏沉沉、反反复复,就表示他要"归真"了。

万物都没有选择的意愿,它们是不得不如此的。因为万物根本就是道所生,道所赋。所以,道始终不会离开你,你也终生离不开道。即使你到终了，也没有办法离道。

我们读经典，不是站在反对的立场来批评它，而是以"反者道之动"的观点来调整自己，毕竟古圣先贤离我们很久远了。可在这当中我们越走越急，越走越"反"，不晓得"反"到哪里去了。所以，我们这一次"反"就是正本清源，就是回归老子原来的道路，这样读《道德经》才有用，才可以通过阅读它来调整自己的身心。

《道德经》第七十一章有这样一句话："知不知，尚矣；不知知，病也。"就是说虽然"我"已经知道大道了，但是"我"还是要保留一点。为什么？因为毕竟"我"没有完全了解大道，而且大道也是不能完全了解的。如果你知道自己永远有些不知道的东西，你就是上等人，就是最高明的人。而"不知知，病也"是什么意思？就是说"我"不知道大道，但是"我"偏偏认为我知道，然后还到处去炫耀，这就叫作病。"病"是缺失的意思。

老子接着说："圣人不病，以其病病。夫唯病病，是以不病。"圣人为什么没有这种毛病？因为圣人把这种毛病，当作一种病来看待，时刻提防它、戒备它。而一般人认为这种毛病不是毛病，所以常常犯错。问题就出在这里。圣人知道，就算大家都说自己很懂，自己还是不太懂，这样自己就不会犯毛病了。可是，一般人却会因为有一点知识就沾沾自喜，认为自己高人一等。所以，这必然产生毛病。

老子的书，不容易看，因为他的话是有转折的。就像"知不知""不知知"，你真的不知道他在讲什么。读书人往往有三个毛病：第一个，老把经典读错；第二个，老骂经典；第三个，望文生义。我们很少能够反复思考，很少能够想得很深入。老子对我们最大的期望，不是"悟"，而是"明"。我们常常讲：我明白了。这就是老子的主张。明白的人才是最高明的人。你明白了，就不得了。如果你知道这就是你的毛病，那你就没有毛病了嘛；如果你偏偏说，这不是你的毛病，那你就完了，就是自以为是。自以为是的人最后都是害人害己。

有人读了《道德经》后就说，老子根本就是个阴谋家。"反者道之动"，岂不是可以理解为你要追一个人，不用在后面拼命追，拐个弯在前面等他，他迟早会被你逮到。这不是阴谋是什么？如果老子是单纯的阴谋家，我们还要学《道德经》吗？可如果说老子不是阴谋家，道理又何在呢？

所以，我们必须把这个问题拿来研究一下。接下来，我们就一起来讨论老子到底是不是阴谋家。

第六章

智慧与阴谋：将欲取之，必固与之

《道德经》第三十六章中说"将欲翕之，必固张之……将欲取之，必固与之"，其意是，想要他收缩，必须使他先扩张开……想要夺取他，必须先给予他。有人说，这是一种人生的大智慧；也有人说，这完全是一种阴谋诡计。为什么同一部经典，不同的人会读出完全不同的感觉？智慧与阴谋的根本区别在哪里？我们又应该如何正确理解老子的思想呢？

为什么一般人总觉得老子是阴谋家？主要是因为老子在《道德经》第三十六章里说了这么几句话："将欲翕之，必固张之；将欲弱之，必固强之；将欲废之，必固举之；将欲取之，必固与之。是谓微明。"

"将欲翕之，必固张之"，就像一个人，张着嘴巴，过不了多久，他就会闭起来，因为他会觉得酸累。所以，想让一个东西收缩，就得先将它扩张。"将欲弱之，必固强之"，想要使它变弱，你一定要先使它变强。如果一个人想要把自己的身体搞垮，那就先拼命吃，吃到最后，体重增加了，看起来身体很魁梧，实际上身体内已经慢慢地变坏了。"将欲废之，必固举之"，你要把一个东西废弃掉，就先把它举得高高的，让所有人都看得到。大家一看，心想：这么糟糕的东西怎么能放在这里呢？把它丢掉！这不就达到你的目的了吗？"将欲取之，必固与之"，你要夺取一个人的东西时，就先给他一些东西。等到他贪得无厌，到处要东要西，搞得人神共愤的时候，你再去抢夺他，别人自然无话可说，而且还要表彰你的这种行为，认为你是为民除害。如果我们这样去解释老子的话，很多人都会认为这是阴谋诡计。但重要的是，老子真的是这个意思吗？

《道德经》的书名已经很清楚地告诉我们，老子真正的意思并不是这样。道德是老子永远不变的主张。一个主张道德的人怎么会耍阴谋呢？可大家觉得，铁的证据明明摆在这里，赤裸裸的话是他说的，这还能有假吗？是的，有假！问题是我们把它解释错了。老实讲，经典被随意曲解，甚至于篡改，这种事情历史上多的是。一个人对经典似懂非懂，就自作主张乱改一通，这就叫作毛病。

老子这几句话，是在表述一种自然现象。他只是在告诉我们，柔弱胜刚强。为什么？因为我们已经讲过了，"反者道之动"。凡是弱的，会变强；凡是强的，会变弱。宇宙是动的，不是静的，一切都是变动的。你现在看他是小孩子，不久他长大了。你现在看到他很有权势，很快就被剥夺掉了。这个就叫作风水轮流转。天底下没有不变的东西。就像一个家庭，一代两代富裕，这简单；三代五代富裕，大概很难。所以，为什么说富不过三代，为什么说英雄不怕出身低，为什么好汉不提当年勇？就是因为事过境迁，提它也没用了。环境一改变，整个的形势就完全不一样了。

老子只是在讲这个道理。他认为这只是自然的一种很普遍的变化规律而已。有人把它用作阴谋诡计，那是他自己的事情，这完全在于以什么样的心态来看待。所以，我们还要重复讲一句话，就是要观察行为背后的动机，要把动机和行为对等起来看待。同样一种行为，如果其动机不纯，就是耍阴谋；如果只是自然的变化过程，那就是一种自然现象。这是人的问题，而不是老子的话是阴谋论。

我们经常说一句话：三十年河东，三十年河西。这是人故意在恶作剧吗？并没有。人哪有那么大的力量，那么多的精力，轻易地就使一条河改道呢？但是，天下黄河九十九道弯，历史上黄河改道的记载不胜枚举。为什么会这样？因为这是大自然所趋，所以莫之能挡。

所以老子用翕张、弱强、废举、取与等对立概念的相互转化来提醒大家要见微知著。看到细微的征兆，马上就能知道它的必然结果是什么，然后能够顺势而为，这就叫自然。

我们把这门学问发展出来，现在叫作未来学、趋势学，或者预测学。其实整个学说的基础，就是这几句话而已。可是这几句话，也可能被很多人拿去耍阴谋、搞诡计，对此我们毫无办法。因为道是自然存在的，它不干涉任何人的行为。人的种种行为，到头来都是自作自受。你可以拿去搞阴谋，但后果由你自己来承受；你把它当作一种自然的趋势，顺势而为，就能得到预期的效果。这些跟道并没有关系。

我们不要因为有人把这几句话拿去搞阴谋，就把账算在老子的头上，这是不公平的。为了引诱敌人进攻，把自己的强大隐藏起来，故意显示柔弱的一面，这是在战争过程中常用的一种战术。声东击西、明修栈道，暗度陈仓，这些诡计我们也耳熟能详。道之规律原本如此，至于人们怎么使用，道并不多加制约，完全是人自己的事情，有相当多的自由。合乎道，多半是行得通的；违背道，最后的效果都是很糟糕的。这又是另外一回事，这点我们以后详谈。

《道德经》第六十八章里有这么一句话："善为士者，不武；善战者，不怒；善胜敌者，不与。"这是什么意思？"士"就是将帅。一个真正的将帅，爱好道德，不崇尚武力。善于担任将帅的人，如果爱好道德，遇到冲突他会尽可能用和平的方法来解决，不会动不动就威胁动武，这才是人类的福星。

"善战者，不怒"，凡是很会打仗的人，不会轻易被敌人激怒。因为敌人往往会想办法激怒你，搞得你失去理智，搞得你手忙脚乱，一旦开打，你就输定了。"不怒"不是不发怒，人怎么可能不发怒呢？而是不轻易发怒。"善胜敌者，不与"，什么意思？就是说比较有把握打胜仗的人，不会跟敌人正面交锋。

三国时代的司马懿就是一个很好的例子。只要诸葛亮出兵，他就坚守不出。因为他知道自己不是诸葛亮的对手，何必去送死呢？如果他不出战，就算赢不了，也输不掉。所以，就算诸葛亮想尽办法来激怒他，他也不会发怒，哪怕诸葛亮送来女人的衣服，他穿上就是了。这样诸葛亮又能把他怎么样呢？

有一个华侨叫吴清源，他是有名的围棋大家，被称为吴大国手。有一次，钱穆教授和他一起吃饭，就问吴大国手："你这么会下围棋，有没有一套办法可以永远不败的？"吴大国手也是懂得《道德经》的。他说："没有这种事情，因为每盘棋的局势都是变来变去的，怎么有把握一定会赢呢？"想不到钱穆教授说："我有一套本事能保证永远不会输。"吴清源很好奇，就问："你有什么办法？"钱穆只讲了两个字："不下。"我不跟你下，怎么会输呢？所以，你老要跟人家打，难道每次都有必胜的把握吗？没有，因为太多因素都不是自己所能控制的。我现在不争，不争就是不跟对手争锋。著名的《曹刿论战》就是一个"不争"的案例。即使他有必胜的把握，即使他有充足的准备，也要等到对手"一鼓作气，再而衰，三而竭"的有利时机再出战。可见，真正的兵家也是不搞阴谋的。

全世界那么多的兵书，为什么只有《孙子兵法》最了不起？就是因为它很奇怪，它的很多主张都和老子的思想不谋而合。孙子是不求胜的，他只求不败。所以，中华民族爱好和平，从《孙子兵法》中就可以看得出来。

《道德经》第六十九章写得更清楚："用兵有言，吾不敢为主，而为客。"用兵打仗的人，不要为主，宁愿为客。就是说人不犯我的时候，我不犯人。但是如果人犯我，我是不是一定要犯他？也不一定。因为后面有一句话："不敢进寸而退尺。"我不因为有寸进，就扩大战祸，我宁愿稍微退一点以求可以消弭战争。可见，打仗并不一定要逼得敌人无路可走。那样只会使他们狗急跳墙，背水一战，说不定最后玉石俱焚了。这种案例历史上也蛮多的。如果退步避让能够消弭战争的话，那我宁愿退让。当然，这不是说领土可以被任意践踏。国家的领土主权一定要维护，但不一定只有战争一个方法。维护领土主权是不变的，至于怎么样去维护就有很多方法了。

《道德经》第三十一章讲得更清楚："夫兵者，不祥之器，物或恶之，故有道者不处。"锐利的兵器是不祥之物，人人都厌恶，在不得已的情况下才动用它。动不动就打仗，这不可以。因此，老子认为战争就是凶事。而且他说，就算打胜仗了，也要当作丧礼来处置，不可以耀武扬威，不然就是为日后种下恶果。第一次世界大战结束后的巴黎和会，因对战败国的处置不当，致使世界遭受二战的蹂躏，无疑是最明显的一个例子。

物极必反，以退为进，用不争来争到底好不好？答案已经很清楚了，就是看你的动机是什么。如果退让是为了引诱对方进攻，然后把其整个消灭掉，这是不对的。如果你是想退一步海阔天空，和平解决争端，这是好事情。如果你是不争而争，那就是搞阴谋。如果大家都不争，而是让，最后让出一个最合理的解决办法,这就叫自然,那当然就是好事情。

因此,道理只有一个,但是用起来千变万化。所以,怎样把老子的学说用得顺乎自然,才是真正值得考虑的事情,能达到这种水平的人,才具有上等的智慧。实际上,同样一句话,不同的人来解读它,有不同的感觉。德国哲学家黑格尔也曾经说过:对同一句格言,年轻人所理解的意义总不如饱经风霜的老年人所理解得广泛和深刻。同样一部《易经》,读出很多君子,也读出很多小人。《道德经》也是一样。每个人的心思不同,观点就不一样。所以,不同的人应用《道德经》,就会有很大的差异。

宇宙万物,有正的一面,就有反的一面。这就是《易经》里面所讲的,"一阴一阳之谓道"。但比较要紧的是,这正反两面是随时都在变化的,阴变阳,阳变阴。但是在这变化当中,有一个永恒不变的法则:所有强大的东西,最后都会被摧毁掉,都会被淘汰掉。雄伟的长城曾经那么牢固,但也经不起岁月的洗刷,经受不起自然的逐渐消蚀。柔弱胜刚强,是老子从万物万事之中体会发现的,所以我们常对那些趾高气扬的人说:你神气吧,看你神气到几时。

眼看高楼起,眼看高楼塌。好不容易盼到中秋月圆,第二天早上一起来,月亮就开始不圆了。老子引用这些自然现象,是在提醒我们,我们所喜欢的东西不见得是正确的。刚强谁都喜欢,可是你有没有想到,最后通通败给一个共同的敌人——柔弱?我们经常说以柔克刚,但这些话只是挂在我们的嘴巴上,却没有进一步去了解。

我们非常佩服老子,因为他把这些总结成一句话,叫作"反者道之动,弱者道之用"。道的用途是什么?就是使刚强的变柔弱了。有人说:这样不是很糟糕吗?当然不是。如果你一直刚直地走下去，最后离道越来越远，那还得了？人不可能远离道。当你从儿童到青年，再从壮年到老年，你就要知道，最后是要回归原点的。这就叫道。任何东西，当它鲜艳无比的时候，你就知道它快败了；当股票涨得不得了，大家抢着买的时候，你就知道它快要跌了。

"弱者道之用"，只要你能弄明白，就可以减少很多苦恼。所以下一章，我们就来探讨：什么是"弱者道之用"？

第七章

柔弱胜刚强：弱者道之用

我们经常听到这样的成语：弱肉强食、物竞天择、优胜劣汰。自然界中的万事万物，似乎都是强者生存，弱者淘汰。然而，老子对此却有着完全不同的解释，《道德经》中说"弱者道之用"，就是告诉我们弱可胜强，柔能胜刚。那么，弱为什么可以胜强？柔是靠什么胜刚的呢？这柔弱胜刚强的道理之中又蕴含着怎样的人生智慧呢？

"反者道之动，弱者道之用"，它们是一体一用、体用结合的。道若不弱，就不能反。道要反，就非弱不可。大家可以回顾历史，一个王朝为什么会灭亡？就是因为它慢慢地变弱了。如果一个王朝始终很繁盛强大，会被推翻吗？会被改朝换代吗？大明朝就是自己先弱了，骨子里先烂了，才给了山海关外的大清以可乘之机。大清刚开始也很强大，可是到了末期，变得软弱无比，使国家遭受了英法联军火烧圆明园、八国联军进北京的奇耻大辱。诸事正因为都会变弱，所以才会消失。凡事逐渐变得不合理，才会有被废弃的理由。这就是"弱者道之用"。

道，本来是混沌的，它没有强弱，没有好坏，没有美丑，没有善恶……这些东西都没有。为什么呢？《道德经》第十四章讲得非常清楚，道是"无状之状，无物之象"。你说它没有形状吧，它还有形状；你说它有形状，还看不见其形状。你说它里面没有物，它还有象；你说它有象，它根本没有物。为什么？因为它是混沌的，是阴阳不分的，是混二为一的。但是，如果道永远是混沌的，它就产生不了万物，整个宇宙就不存在了。

所以，道必须要动，因为只有动，才能打破这个混沌的状态，从混二为一、全无分别的状态下解放出来，产生五彩缤纷的差异性世界。这就是老子所讲的，道是怎样产生万事万物的。而人类自觉聪明，看到玫瑰、月桂等的区别，就分别给它们命名，这样一来反而糟糕了。

老子在《道德经》第二章中说道："天下皆知美之为美，斯恶已。"意思是人们之所以有美的概念，是因为头脑里先有了丑的观念。如此一来，大家都爱美嫌丑，结果天下大乱，纷争不止。人们为了争美争宠而不择手段，怎么会和谐呢？最终整个社会都乱了，人心也变了，整个世界变得不和谐。

现在很多人自己都很矛盾。你去帮助一个乞丐，给了他一点钱，心里就开始后悔了。如果是心甘情愿地给，那是做善事；如果给得心不甘情不愿，那不是愚蠢吗？为了一点点钱，搞得自己忐忑不安，见人就唠叨，那人生还有什么价值呢？所以，虽然我们有了善恶之分，而且大家也都愿意朝善的方向走，恶的地方尽量避开，但还是保不准会有很多伪善的人。一个邪恶的人，为了某种不可告人的目的，把自己伪装成善良的人，这就是伪君子，就是欺世盗名。这种善就是伪善。

我们刚开始也许是出于好意，认为真假要分清楚。但是，第一，我们没有能力去分辨；第二，我们不可以用统一的标准来分。所以，为什么《道德经》开篇先讲"道可道非常道"，就是因为道是玄妙的，是看不清楚、说不明白的。如果你要明白，那要怎么办？不是靠读书、背书就可以的，而是要从实践当中去了解，去把它弄明白。这样你才知道，我们只有一个办法，就是让大家从实践中体会到原本认为很美的东西最后都是不美的，那你就不会再执着地追求美。

你要美的干什么？年轻人选对象，要求对方既美貌又年轻，可是几年之后，再美的人也不美了。这就是"弱者道之用"。道就是这个样子，这才是自然的规律。现在我们彻底把道撇开，这就糟糕了。道不是什么权谋，也不是什么坏心、不良的企图，或者专门和万事万物过不去。它让一切都顺其自然，使一切都顺从其本性发展。这就是任自然。

一定要记住，强弱、好坏、美丑、善恶，我们不能以一己之私来评判。因为，第一，它们的标准并不一致；第二，如果一致，那就更糟糕了。更重要的是"反者道之动"，这些区别，这些差异，迟早会在道的运动中消解。一个强大的国家，不可能总是强大，因为"弱者道之用"。一个靠出口矿产发达起来的国家，资源一旦被采光，它就变弱了。由此可见，道的反向运动是必然的，同时也是很自然的。即使有人想去阻挡，也阻挡不了。因此，作为人，不必太执拗于美丑、善恶之分。

所以，老子在《道德经》第七十七章中说："天之道，其犹张弓与？高者抑之，下者举之；有余者损之，不足者补之。"天的道理是什么样的？很难讲，所以姑且用张弓这个动作来做个比喻吧。当你拉弓的时候，如果举得太高，就把它压下来一点；如果举得太低，就把它抬高一些。上下左右，都要针对目标做一个适当的调整。因为，天道就是损有余以补不足。水流满地，亏者则归，溢者则流，一定要达到一个均衡的状态为止。一场洪水倾泻而下，因为下方是亏缺不足的。

我们也经常说树大招风、枪打出头鸟之类的话，可是我们吸取教训了吗？没有。直到今天，还是屡教不改。老子在《道德经》第四十二章中说："强梁者不得其死。"很刚暴的人，最后是不得善终的。为什么？因为一定有人比你更刚暴。我们老说"天外有天，人外有人"，就是这个道理。你说你最强，那是因为你不知道还有比你更强的人。你武功天下第一，那些不服气的人肯定会纷纷来找你过招，迟早会有人会把你打趴下。

《道德经》第五十章讲得非常清楚："兕无所投其角，虎无所措其爪，兵无所容其刃。"兕，就是犀牛，犀牛很凶，它凭什么凶？凭借头上的角。如果它的角连着力的地方都没有，那它就无法施展本事了。老虎的爪子很厉害，但如果它的爪子没有东西可抓，那也就无用武之地了。兵，就是很锋利的兵器，如果根本就找不着可以下手的地方，那再锋利的兵器又有什么用呢？这到底在告诉我们什么？就是正面交锋，很可能过刚易折。可是如果你能够以柔克刚，很可能就会化险为夷。自然的万事万物都可以印证这个观点。竹子随风摇摆，就不会折断；大树很强硬，可大风一吹，就被连根拔起。这就是"坚强者，死之徒；柔弱者，生之徒"。

刚进入社会的年轻人，老喜欢锋芒毕露，这是要吃大亏的。凡是认为无论做什么事情，自己都高人一筹的年轻人，最后都可能出洋相，都可能吃亏。但是，现在的年轻人忍不住寂寞，本来就弱，偏要表现得很刚强；本来很嫩，偏要表现得很老到；本来资历很浅，没有经验，偏要不服输，这完全违反了老子所说的道。

《道德经》第二十二章说："曲则全，枉则直；洼则盈，敝则新；少则得，多则惑。""曲"就是委曲，委曲反而容易保全。所以，我们也常常讲一个词，叫作"委曲求全"。"枉"就是弯曲，"直"就是伸直。会弯曲的人，才会伸直。大丈夫能屈能伸，就是这个道理。如果一个人总是站得笔直，最后肯定会受打压。一个人，身段要软，这样才有弹性，才能够做一个正直的人。"洼"是低矮的地方。"洼则盈"，只要你低下，就可以得到很多好处。你看一个虚怀若谷的人总是说自己不懂，请多多指教，这样才能学到更多的东西。江海不捐细流，故能成其大，就是因为它能够屈身处下，所以才能够成就自己的伟大。

"敝则新"，破旧以后，它就变成新的，就像衣服，破得实在不能再穿了，那就得再买一件新的，这样没人说你浪费，你自己也会觉得心安理得。"少则得"，就是说既然少、乏，人家自然会补给你。"多则惑"，东西一旦多了，就开始迷惑了。为什么呢？假定你有一百套西装，那出门的时候很可能不知道要穿哪一套。所以，为什么学校要求学生穿校服，就是不想要学生在穿衣上浪费精力。否则，早上眼睛一睁，就开始想穿什么衣服好，那就不用去上课了。曲、枉、洼、敝都是弱的一面，向全、直、盈、新，都是强的一面。所以，老子说柔弱胜刚强。

这样我们才知道为什么老子主张无为。可是我们对无为又误解了，这是非常糟糕的事情。因此，我们接下来就要来探讨一下：为什么老子主张无为？难道他希望我们永远不前进、永远不刚强，一直处于弱态吗？

第八章

顺应自然：道常无为而无不为

人们常把《道德经》所说的"无为"理解成什么都不做，把"无不为"理解成什么都做，因此"无为而无不为"这句话，引起了人们很大的争议，到底是应该什么都不做，还是应该什么都做？老子说话为什么总是相互矛盾呢？那么，"无为而无不为"到底是什么意思？这句话对于我们现代人，又有着怎样重要的警示呢？

中国人最崇尚的境界，就是"无为而治"。而且一讲到无为，就推崇老子了。但是老子所讲的无为是什么意思，相信很多人不明白。因此，我们对无为，真的要下一番功夫把它弄明白。无为并不是什么都不做，为什么呢？因为《道德经》第三十七章讲得很明白："道常无为而无不为。"道的作用就是无为，但是它的效果是无不为，这样解释是对的。道，是很自然的。它并不针对某人、针对某事、针对某物而有所作为。可是，这种无为所产生的效果，却是无不为，这才妙。有史以来，我们所看到的一切，都是这个样子。

比如太阳，从东方升起，在西方落下，这是我们司空见惯的，从来没有改变过。而且，我们知道，太阳光非常强烈的时候，中午就到了；太阳快要落下去时，夜晚快来临了。这都是道通过事物的各种现象，表现出的自然规律。所以，无为的"为"，跟违背的"违"是相通的。无为，真正的意思就是不违反自然。

道，顺应自然，好像无所作为，但是万物都因为这个无所作为的道而生生不息、千变万化，这不是无所不为吗？就是因为道不主宰万物，万物才能有变化。如果道尚主宰，每个人都没有自主的创造和花样，这岂不单调，人生还有什么乐趣可言呢？因此，我们必须再说清楚一点，宇宙万物都是由道所生，但是道没有主宰万物的意思。关于这点，我们跟西方人有很大的不同。伏羲氏就告诉我们，宇宙是没有主宰的，一切都是自然孕育而成的。老子也说，道把你生出来，让你长大，让你有变化。但是，至于你要怎么走，它尊重你，任由你选择，并没有要主宰你的用意。

中国人所讲的老天，其实就是自然。自然，提供给人类自主性。所以，人应该过自主的生活。可现在偏偏不是，人自己做不了主，然后就很慌张，一定要找一个东西来依靠，所以，就找这个来依靠，找那个来依靠，这就产生了很多宗教。其实，这样做就相当于放弃了自主，而过一种他主的生活。他主，就是找别人来替自己做主。一定要找一个主宰才心安，这种人蛮多的。当然，我们也不能怪他们。因为道始终跟着每一个人，而且道是很宽广的，其中有很大的弹性、很多的选择。道给你自主，让你自己去选择，但是至于你要不要自主，它没有意见。

很多人就是不相信那种看不见、摸不着的东西，认为一定要看得见才可靠。所以就弄出很多所谓的"偶像"，就是我把自己交给你，你来主宰我，我天天向你祈祷，就心安了。而道是不接受任何人的委托的，所以你说你去求道，其实是没有用的。因为道就在你身上，你反求诸己就是了，只去求道有什么用呢？

我们一定要很清楚，道没有任何主宰万物的用意。如果把这个理解错了，就会依赖道，认为道可以帮助你，于是就去求道、修道。但是到头来道不照顾你，你怎么办呢？所以，人要自己做自己的主人。你要自主，要靠自己，而不要老想着依靠外物。因此，我们对于道，要更深入地去了解。道，是顺应自然的，所以人也应该顺应自然，不要老是想着跟大自然对抗，不要老以为人定胜天，这都是不正确的。近四百年来，历史的重心转移到西方，任由西方人去发挥。他们就是跟自然对抗的，结果怎么样呢？现在我们也看到了。我不好意思说下场很凄惨，只能说不怎么样。

现在地球上气候异常，连联合国都告诫大家，要做好过异常气候日子的心理准备。这就是说现在人类想办法恢复正常，都是很难的。因为只有天地，才有办法把它调整过来。现在天地是在调整，可是有人说，这样调整只会越调整越乱而已。这就是人类自己的问题了。天地是有规律的，是会动的，可是人类把它破坏了，它很为难，已经没有办法正常地运动。所以，现在天地非常挣扎，才会有各种乱象的出现。这都是人类自己胡作非为的结果。所以现在的人，对于这个无为，真的要深入地了解才好。不然的话，后果将会更惨。

老子在《道德经》第二十五章中说了这么一句话："道大，天大，地大，王亦大。"人之所以异于禽兽，就在于人是万物之灵，有跟其他动物不同的神圣责任。此时，你必须勇敢地站出来，在这一方面多负一点责任。特别是把近四百年来被我们肆意破坏的自然，透过"反者道之动"恢复过来。这就是现代，尤其是我们当代人的重责大任。我们要顺其自然，为所当为。

作为人，如果凡事只听其自然，任其自然，那就和动物没有两样。因为听其自然，就是顺应本能了。人和其他动物不一样，人有性的冲动和意识，更有被爱和爱人的渴望和自主。其他动物的交配时间都是自然定的，一年当中有固定的发情期，过了就没有了。为什么老天对人有这种异于其他动物的安排呢？就是因为它给了我们不同的任务。这点我们一定要充分认识到。我们不是顺着本能，我们还有意志力，这就叫创造性。作为有创造性的人，就要记住，天大，地大，人亦大。我们的责任就是《中庸》所讲的"赞天地之化育"，所以人应该帮助天地来调整，而不是天天骂大自然反扑。要知道大自然从来不会反扑人类，它只是在挣扎，是人类自己太无知，太没有良心，才说大自然在反扑。

人生的规律只有一个，就是自作自受。我们必须好好地去选择，好好地去走自己的路。因为没有人能够帮得上你的忙，也没有人能够害得了你。我们平时常常把责任推给别人，常常怨天尤人，觉得这个不对那个不对，其实这些都是不负责任的表现。你的所作所为，要由你自己来承担后果。所以，一定要很谨慎地选择自己要走的路。

道的运动是必然的，它不会停止。人必须时时刻刻顺应自然，做出合理的调整。老子告诉我们，既然人是动物的一种，就必须要动。更何况人是道的一部分，是道所产生的，而道本身又是变动的，所以你就要随时顺着它调整。道有规律，但是这规律不是死的。所以，我们不能说自己的原则就是这样，永远不会改变，那就糟糕了。我们是有原则，但是我们也很有弹性，而且时刻在调整。这就是老子所希望我们做到的。

道是人的本源，我们终其一生都离不开道。可是，道没有控制我们的意志。它一无所做，对我们展现的也只是什么都没有做而已，所有东西都是自然存在着的。所以，我们应该去体会它、帮助它、顺着它，我们所做的也不应该有刻意而为的痕迹。

可是现在没有，我们要扭曲，要错乱，要搞怪，更加不幸的是，人有了认知的能力之后，就任意对万事万物做出很多不恰当、不准确的逆抗。本来人的很多动作、行为，是表达我们对天垂象的认识，但是有了名号以后，我们就把天垂象撇到一边了。你看现在很少有人去看天垂象，很少有人会像以前那样反问自己老天在告诉我们什么。而且只要你说老天在告诉我们什么，人家就说你是迷信，是无知。现在人都开始相信符号，相信论文，相信科学。我没说这些不对，但这些并不能代表天垂象，不能代表真相。因为有了名词以后，人就很容易望文生义。望文生义，就很麻烦。

我们的问题很多是翻译不当造成的。把古文翻译成白话文是一种翻译；把外国的语言翻译成中文，把中文翻译成外国的语言，都是翻译。翻译错误，真是可怕得很。我们把science翻译成"科学"，就是一个显著的例子。你应该想一想，那么多年来，我们老祖宗的科学总是世界领先的。可是，在我们中国的文字当中，从来没有出现"科学"这两个字。这是为什么？难道我们没有科学吗？当然有，而且是最先进的，可是我们有那么多先进的科学，为什么没有创造出这两个字呢？那你马上就应该想到，science其实是"学问"的意思，偏偏我们把它翻译成"科学"了，这岂不糟糕得很？我一再说，自然科学我们是承认的，没有人会否定。但是自然科学不叫science，它前面还有个natural，叫作"natural science"，这是自然科学。有人说人文也算科学，那我就觉得很奇怪，人文怎么能算科学呢？所以现在有些人动不动就讲，《易经》是科学，我只好苦笑了。《易经》的范围比科学宽广得多，怎么可以用科学全盘代表呢？

人类现在最麻烦的就是二分法的思维，认为一切都是非此即彼，非对即错。把名号看成确定的，把定义讲得很精确。老子始终告诉我们，道是什么，没有人讲得清楚。至于它到底是什么，我们要慢慢去体会，老子不可能给你下定义。因为道太大了。就算老子本人，也只能很勉强地把它叫作道。这一点，我们一定要深入了解。现在，就是因为人们把东西讲得太精确，才造成了严重的分歧。宇宙本来是整体的，但是现在很多人却告诉你它是分割的，这是很严重的矛盾。

我们现在动不动就讲天道，天道在哪里？每个人都不一样。所以，我们只能说某个天道在哪一片地方，而不能说就是在哪一个方位。道是变动的，大家必须承认这个事实。既然一切都在变动中，怎么可以用名号把它固定下来呢？某一件事情到底对不对，通常也会有人争论。因为每个人的角度不一样，所得结果也会不同。

我们拿一件事情来请教各位好了。如果你家里有老人休克，送到医院去，医生说他现在情况很危急，要不要电击？你就不知道怎么办好。你说"不"，好像很不人性，你可以救他，为什么不救呢？就算再小的机会，你都要把握住呀。可你说"要"，又好像太残忍了，因为你也知道可能没有效。那怎么办？办法有好多种，听起来都很有道理，但是做起来却完全不是那么回事。这就是名号，它本身就是不明确的，如果你认为它是确定的，那不糟糕了？人类所有的苦恼，都是因为我们把一个完整的宇宙撕裂了，用很多名号来制造矛盾。再加上我们很不幸地认为，凡是矛盾都是对立的。这更是不幸中的大不幸。为什么矛盾就是对立的呢？矛盾是可以化解，可以协调的。因此，我们一方面要了解，无为就是不违反自然；另一方面要知道怎样才能不违反自然，这才是重要的。我们老说要顺应自然，可是当别人进一步问你怎么样才算是顺应自然时，你又答不上来。所以，老子在《道德经》第四十八章中才提出一个主张："为道日损。"

因此，我们在了解了无为就是不要违反自然、胡作乱为之后，还必须适应自然、为所当为。那么，怎样才能做到顺应自然、为所当为？这就必须遵从老子所讲的"为道日损"。这个"为道日损"内涵是很丰富的。所以接下来我们就要来研究一下：为什么"为道日损"？

第九章

知识与知道：为学日益，为道日损

《道德经》告诉我们,"为学日益,为道日损",也就是说,学习的知识越多,反而会离道越远。但是现代社会,非常强调学习知识的重要性,人们普遍认为,知识越多,知道的也就越多,可是我们是否认真想过,知识和知道是什么关系?知道的这个"道"字,究竟代表着什么意思?而我们又应该以怎样的态度来看待知识呢?

《道德经》里面有两句话大家都非常熟悉，但是经常不明白。这两句话就是第四十八章所说的："为学日益，为道日损。"为什么为学日益，而为道会日损呢？这点我们一定要从老子的背景说起。

　　老子当过周朝的图书馆馆长，他学问好得不得了，不然怎么能写出这么玄妙的《道德经》？因此我们不能说老子不重视学习，不鼓励我们学习。他只是说我们做学问的时候，要反省自己：为什么读书？为什么做学问？读书是为了明理，做学问是为了提升自己的品德修养，这才是根本。很多人做学问做到最后，学会了很多阴谋诡计、歪门邪道，这些都是用来整人、用来算计别人、用来夺取财富的，这样只会使自己更加堕落，更加不会提升自我。表面上看，他们是在做学问，知识越来越丰富，以前不懂的现在都懂了，当然很开心。但是要小心，因为所学越多，可能道就越损。不学这个，就不会做那种事情，品德还是蛮好的。可是学了这个，刚开始说绝不做，最后还是做了。因为"弱者道之用"。你看我们每次说这件事情不能做，最后还是做了。凡是听过的必留下痕迹，非常讨厌的，很可能会变成最喜欢的，这才是事实。

　　人往往挡不住外界的诱惑，挡不住大量资讯的入侵，因为那些也是道的一部分。在这种情况下，人必须把握住自己。"为道日损"，就是说我们不要盲目地去吸收外面的东西，盲目地认为多多益善。看一本书，先看它的目录，如果这个目录不适合自己，那就丢掉，还看它干什么？有人说，不行，一定要看完，不然怎么知道它的好坏呢？这个办法是行不通的。

有一个人向某个杂志投稿，但是稿子很快被退了回来，再投去，又退回来。他就觉得很奇怪，你们编辑到底有没有看呢？所以，第三次他投稿的时候，就偷偷地用胶水把两三页都粘在一起，想看看自己的稿子到底有没有被看过。结果投出去很快又退回来了。打开一看，果然不出所料，胶水还原封不动地在那里。于是他就写了一封信，说："编辑先生，我是很敬仰你的，但是你的这种态度，实在令人不敢恭维……"那个编辑看完以后就回了他一封信，说："谢谢您，但是我问您，当您要吃鸡蛋的时候，一闻味道不对，难道还要吃完才说这是坏鸡蛋吗？就这么简单。"所以，在这种情况下，我们一看某些东西不对劲，就要赶快筛掉，赶快躲掉，保护自己。

老子接着说："损之又损，以至于无为，无为而无不为。"我一再提醒各位，读老子的书不要只去看"无为"这两个字，也不要一看见"无为"，就真的认为要无为。"无为"前面还有一个"为"字，叫作"为无为"。这不很奇怪吗？"无为"前面为什么加"为"字呢？这就表示要有为。那有为就有为好了，为什么还无为呢？而且"无为而无不为"这句话更奇怪、更不可能。除非要诈欺骗，做了说没做。其实这是我们自己搞不清楚而已。老子的无为，是不要违反自然。

更重要的是，老子说："取天下常以无事，及其有事，不足以取天下。""取天下"不一定要以武力征服天下，那是不可能的事情。"取天下"是说取之于天下，要用之于天下。我们要回馈社会，因为我们从社会中得到的太多了。这就是我们今天所讲的人人都要为社会大众服务。要怎么样服务呢？这个更妙：以无事。"无事"不是不做事，不做事怎么服务大众？"无事"就是《易经》里面讲的"无咎"，即没有后遗症。"取天下常以无事"，就是说要对社会有所贡献的时候，一定要考虑好，不要留下什么后遗症。我们常常讲：少叫那个人来，他只会添乱。添乱就是有事，添乱就会坏事。一个人做了很多事情，搞得乱七八糟，别人还得花时间去帮他善后，那还不如不做。

所以，"及其有事，不足以取天下"，就是说如果做了事，产生一大堆后遗症，人家还要花更多的时间、更多的精力、更多的金钱来收拾残局，那就是不足以取天下，也根本不是服务的态度。"无事"用我们今天的话来说，只是变了一个字，叫作"没事"。现在有很多人，跟他讲什么，他都说没事，其实问题一大堆。所以从现在开始，我们要记住，要有那个本领才可以讲没事。没事就是都做好了，而且不会有后遗症。这是高度困难的事情，一定要小心。

人要生活，就不能不求学，不能不掌握知识。很多人说，老子根本就是反对学习知识的，那老子叫我们不要活下去了吗？如果他没有知识，走掉就算了，写《道德经》干什么呢？可见这种说法不正确。老子只是告诉我们：我很赞成你为学，但是你要记住，为学的目的是要为道，就是我们常讲的，要知"道"。知识和知"道"，人们经常会混为一谈。有人说自己有很多知识，所以他知"道"了，其实不见得。

我们所学的很多知识，都是不知"道"的知识，这是非常可怕的。很多科学家，知识很丰富，可就是不知"道"。因为如果他知"道"，有些事情就不敢做，有些论文就不敢发表，有些实验做一半就应该停止了。所以，我们一定要把知识和知"道"好好地区分一下。

一个人，一定要知"道"。至于知识，最好慎选那些可以帮助我们知"道"、对我们有用的。对于那些不但没有用，而且会阻碍你知"道"的知识，就要摒弃、远离了。知识越多的人，经常越不知"道"，所以闹了很多笑话，种了很多祸因。骂他没有良心，他说："我怎么没有良心？"可见他更加不知"道"了。

千万要记住，有很多的知识，我们把它叫作不知"道"的知识。而不知"道"的知识，会把我们跟道隔绝开来，这就叫隔阂，是我们认识道的阻碍。越有知识，越不知"道"，是需要人们时刻警惕的事情。否则学了半天，不仅害自己，也害别人，那有什么意思呢？自然法则是从来不会变的，但是自然法则的应用却是千变万化的。像这种事情再过一百年、一千年，还是这样。所以我们做学问的时候，千万不要认为时代不同了，现在的想法不应该像以前那样了，以前的都过时了，现在要求新求变了，这种态度是要不得的。我们一定要把道当作一个不可变的根本。这样的话，我们就知道，求学只有一个目的，叫作"实"。我们先天已有的道要保持住，而不是学很多乱七八糟的东西，把自己和道阻隔开来。

"为学日益"就是为了增加自己的智能而学习。但是智能增加了，接下来就有了后遗症，就有事了。因为随着智能的增加，人的欲望和心机也增加了。而我们要知道，这种欲望的增加、心机的增加，最后会使自己更加烦恼、更加苦痛。"为道日损"，是告诉我们为道的时候，要把自己后天学的一些东西赶快丢掉，减少自己的忧愁和烦恼。这才叫爱护自己，才叫修道。"损之又损"，就是把后天这些无谓的、会增加自己的烦恼和痛苦的东西慢慢丢掉，这样才会越来越明白天机。嗜欲多者天机少，说的就是这个道理。人一旦被私欲蒙蔽，所见天机就少了。

我们去看一些由名师指导出来的高才生就知道了。他们一毕业几乎什么都不能做。别人请他们来解决一个问题，他们马上上网查看情况。如果别人已经做过了，他们就不想再做；如果别人说这个问题不能解决，他们肯定也不会浪费时间；如果别人说困难重重，他们也不会多费心思。这样的人会有创造力吗？这是很现实的问题。可见，有很多事情我们想错了，现在一定要好好把它调整过来。

在《道德经》的第二十章有四个字——"绝学无忧"。如果从字面上解释：拒绝学习就可以没有忧愁。这更糟糕、更赶不上时代，到处都行不通，老子会这样害我们吗？绝不可能。"绝学无忧"，就是告诉我们，要放弃一切不合乎道的知识，只有这样才能减少忧愁和烦恼。

人类是由无知慢慢走向开悟的，但是这里潜伏着"欲速则不达"的危险。如果人类说不急不急，等把所有的情况都搞清楚了，再告诉你们这是什么，反而是人类的万幸。但是我们往往受思维惯性的影响，摸索到一知半解，就认为自己懂了，就开始随便乱讲，那就贻害无穷了。我们所知道的只是皮毛，至于真实情况到底是什么，搞不清楚。所以，为什么一个人自认为什么都知道的时候，突然之间碰到不可解决的事情就不知所措了，反问自己：怎么是这样？我以前怎么不知道？这就是自作聪明，最后害人害己。

因此,老子在《道德经》第二十章中告诉我们:"唯之与阿,相去几何?"你看两个人,一个人说"是是是",另一个却慎重地说"好吧,我试试看"。二者的意思差不多,但是给你的感觉却差别很大。这是很糟糕的。"善之与恶,相去若何?"善跟不善,差别在哪里?一份饭菜,好吃不好吃,差别在哪里?一件衣服,好看不好看,差别又在哪里?你说得出来吗?

所以,在这种情况下,我们应该提醒自己,很多东西原本都是差不多的,因为它们都是由道生出来的,而道是混沌不清的,就是我们今天讲的模模糊糊。非要把它搞清楚,这也无可厚非。最可怕的就是,在还没有搞清楚以前,就说自己清楚了,然后就给它一个名号,有了名号以后,又开始给它定义,把它精确化。这样本来相近的东西就变得越来越远。

每个人都觉得自己是专家,都很专业,其实所看到的东西都是很窄小的,这是非常遗憾的事情。一件事情,本来没有那么多分歧,我们使它分歧变大;本来没有那么极端,我们说得很极端;本来可以互助,我们非要让他们各顾各,让原本可以成为朋友的人变成敌人。这样下去的结果,只能是同归于尽。

《道德经》第四十一章说:"明道若昧,进道若退,夷道若颣。"一个人,明明对某些事情都很清楚了,但还是很谦虚地对别人说,自己不太懂。这就表示他很有涵养,懂得道。因为道是在不断变化的,谁敢说完全懂了?如果问一个人懂不懂《易经》,他说懂,那就可以判断他一定是不懂的。《易经》"其大无外,其小无内",每挖一层都能发现新的东西,如果一个人说自己都懂了,那是绝不可能的事情。

所以"明道若昧","若"就是好像的意思。一个懂得道的人，都会很谦虚地说自己并不是非常明白，甚而请大家多多指教。一个人心地很光明，并不觉得有啥好表现的，因为这本是题中之义。这样就了不起。

"进道若退"，一个谦虚的人日有寸进，同时又与世无争。他的学识和涵养越是一日千里，行为举止就越是恭敬有加。越懂得道的人，越觉得跟人家其实没有什么好争的。一个人好争，就是因为不明白道，才会去争。

"夷道若颣"，"夷"就是平易的意思。你看老子的道是非常平易近人的，但是我们大家听起来却觉得怪怪的，心想老子怎么老讲一些奇言怪论，老跟我们不一样？这就对了，他跟我们不一样，就表示我们是有问题的。

老子接着说："上德若谷，大白若辱，广德若不足，建德若偷。""上德若谷"，那种真正有大德的人是虚怀若谷的，他什么都能容纳得下。"大白若辱"，那种操守很高洁的人，是不会自求表现的。"广德若不足"，明明圣德很圆满了，但是他始终觉得还差很远。"建德若偷"，他品德很好，但是他并没有像其他人一样自吹自擂，反而让大家看不出来，觉得这个人好像很懒惰、很不振一样。

《道德经》第四十五章讲："大成若缺，其用不弊。大盈若冲，其用不穷。"最完美的东西，好像还有所欠缺。这叫作"道体"。道体是大成的，可是没有一个人能够完全把它看清楚、说明白。因此，你才会觉得好像总是少那么一点点。其实，正是因为有所欠缺，它才会变化。如果整全了，就固定了。虽然"大成若缺"，但"其用不弊"，它发挥的作用永远不停息。

"大盈若冲，其用不穷"，道是空虚的，但正因为它是虚的，才能够容纳所有的东西。一个杯子装满了酒，就不能装满茶；装了茶，就不能装酒。所以，如果杯子是空的，它就可以装任何东西。这样我们才知道，人要谦虚，其道理就在这里。人能谦虚，能虚怀若谷，就什么都能容得下。

老子接着说："大直若屈，大巧若拙，大辩若讷。""大直若屈"，很正直的人，看起来好像是老好人。看似无所坚持，实际上有大坚持。"大巧若拙"，真正灵巧的人看起来都是笨笨的，他不会让别人看出他很灵巧。因为一旦被别人看出他很灵巧，人们就会想尽办法对付他，他迟早会输的。"大辩若讷"，真正很会说话、口才非常好的人，看上去是很木讷的。不该他讲话的时候，他一句都不会多讲。

那么，在这些地方，老子所用的"大"字是什么意思呢？大，就代表道。因为老子说，他不知道道叫什么，勉强称之为"大"。《道德经》中的那个"大"，都是在讲道。我们后来经常说的"大道"就是从这里演变来的。大，代表一种非常崇高的道，我们要很谨慎地去了解。那从哪里开始呢？最要紧的就是弄清道是如何生成万物的。源头搞清楚了，径流就容易弄明白。所以接下来，我们就要来探讨一下：道是如何生成万物的？

第十章

无中生有：天地不仁，以万物为刍狗

宇宙万物是怎么产生的？有人说是宇宙大爆炸后产生的，也有人说万物是在逐渐演化中产生的。而老子告诉我们，天下万物生于有，有生于无，所以中国人常说无中生有。但是"无"和"有"，是完全不同的两种状态，"无"中怎么能生出"有"来呢？老子所说的"无"是一种什么状态，而"有"又代表什么含义呢？

《道德经》第五章有一句话非常有趣："天地不仁，以万物为刍狗；圣人不仁，以百姓为刍狗。"什么叫作"刍狗"？把草扎成狗一样的形状，就叫刍狗。以前古人在祭祀的时候，会拿草扎成的狗来当作祭品，然后很庄严、很恭敬地奉给我们所祭拜的对象。可是，拜完了以后，随手一扔就把它丢掉了，根本不当一回事。

上面这两句话，是怎么来的呢？这来自一种古老的仪式，一种天人之间的对话方式。中国人"天人合一"的观念是很有意思的。说这是一种想象，我们也不反对。人跟天讲："老天，你到底怎么回事？天下万物繁茂生长，你不以为喜；天下万物摧残衰灭，你不以为悲，而任天地万物自生自灭，那你老天还有什么仁爱之心呢？"老天本来是不说话的，可是听了这一番话之后，不得不做回应。它说："好，你们看我是这种样子，那现在请你们反观自己，看看你们的圣人是不是也和我一样不仁，以百姓为刍狗。"

一个学派告诉你要这样做，另一个学派告诉你他们才是你的老师，各式各样的主张都言之有理，你不能说他们说谎。可是我们作为个人，到底听谁的？这就造成很多门派明争暗斗，搞得社会非常混乱。

老子既然把这个天人对话展示出来，就一定是要给我们一些启发的，不然对话完了没有结果，还有什么意义呢？所以，《道德经》第五章紧接着说："天地之间，其犹橐龠乎！虚而不屈，动而愈出。""橐龠"就是风箱，可见老子那时候，就已经有风箱了。他说我们想象一下，天地之间就像一个风箱，风箱里面空空的，什么都没有，就是无。可是风箱呢，一动就会有风出来，所以有生于无，从这里可以看出来。老子用"虚而不屈，动而愈出"来形容这个风箱，虽然里面空空的，看似什么都没有，却充满了无穷的能量。"动而愈出"，只要拉动这个风箱，风就源源不断地进进出出。

所以，再看第四章，老子说："道冲，而用之或不盈。""冲"就是一个空的器皿，空的器皿里面什么都没有，可以装所有的东西。"用之或不盈"，意思就是怎么用它都没有穷尽。道的本体是空虚的，可道的作用却是无穷的。所以，老子接着说："渊兮，似万物之宗。"它很威严、很幽微，可是它可以生出万物，就好像是万物的宗主一样。这一段话对我们中华文化有很深远的影响。

请问各位，当你看到金字塔的时候会想到什么？埃及文化。所以，人们一旦认为埃及文化可以用金字塔来代表的时候，埃及文化大概就没有了，不见了。当大家听到罗马的时候，只会想到那个圆形的大建筑——斗兽场，罗马文化也完了。

但是，我们中华文化始终找不到一样东西来代表。很多外国人到中国来，就问中华文化是什么。你怎么回答？你不知道怎么回答吧。然后他再问你，什么东西可以代表中国文化？你想了半天：京剧。他很高兴，你就陪他去看。看了半天，他说这能代表中华文化吗？你说，好像不能，因为现在很少有人看了。那怎么能代表中华文化呢？你又说万里长城，又陪外国人到万里长城，这能代表中华文化吗？不能。那故宫呢？等你到故宫之后，发现它也不能代表。到最后，你还是找不到哪一样东西可以代表中华文化。所以，有人就说，真是惨啊，你们搞了五千年，什么都没有。其实我告诉你，什么都没有，才什么都有。

中华文化用四个字就讲完了，就是"空无多有"。如果这个可以代表，那个也可以代表，就定形了。一定形，道就不动了，不动就没有什么意义了。空无才可以多有。你想要多有，就必须空无。老子明确地说："天下万物生于有，有生于无。"我请问人家，无是不是零？当然不是零了。如果无是零，那就叫零好了，干吗叫无呢？零永远是零，除非加上一个一，否则它永远是零，一百个零还是零。可见无跟零不一样。

老子在《道德经》第一章中说："无名，天地之始。有名，万物之母。"这里的无并不是没有，如果无是没有，那怎么能生有呢？可见这个无不是全无。用现在的话来讲，什么叫作无呢？就是它不是任何东西，却可以产生所有的东西，这样才叫作无。你说它没有形状，它却能形成各式各样的形状；你说它没有声音，它却可以发出各式各样的声音；你说它没有象，它却可以表现出不计其数的象……这样才叫作无。

"有，名万物之母"，有是什么呢？就是每一个东西都有它的名字，但是不管叫什么名字，它的母亲就是一个"有"字。"无，名天地之始"，天地的开始是没有名的，可是万物一产生就有了。一个是始，始是根源；一个是母，母是母亲。这有很大的不同。道是根源，不管生出千千万万，它还是存在的，而且永远跟万物在一起。母亲就不一样了，母亲把小孩生下来以后，小孩是小孩，母亲是母亲。妈妈不可能陪孩子一辈子，她做不到，因为生命是有限的。可是道不一样，道生的所有东西，不管它存活多久，道都始终跟它在一起，而且不管万物存或者亡，对道都没有损失。为什么？因为道是动而愈出。不管万物怎么样，它还是道，它本来就是大到不可思议的。

所以，无的作用远远超过有，可是我们人类很奇怪，认为有最要紧，无却没什么用。可见，人类说自己很会选择，其实不然。无就是什么都有，有就是只有这么一点点。无是无边无际，有是很有限的，迟早会用完。道体是什么？是无。道用是什么？是有。"体"一定在"用"前面。所以，先有无，然后才有有。而有返回到无，整个过程就是生生不息。

《道德经》第二十一章说："道之为物，惟恍惟惚。惚兮恍兮，其中有象；恍兮惚兮，其中有物。窈兮冥兮，其中有精；其精甚真，其中有信。自古及今，其名不去。""惟恍惟惚"就是恍恍惚惚。道若有若无、若隐若现，你想看却看不清楚，想摸却摸不着，想听也听不到。那怎么办呢？只能好好研究《道德经》了，不然怎么办？道，非有非无，我们马上就知道了，有跟无当中还有一部分叫作非有非无、又有又无。好像无，又好像有；好像有，又好像无。它也虚也实，所以虚跟实是两极，当中又虚又实，又像虚又像实，又像实又像虚，不可辨认。因为眼睛的功能是有限的，耳朵的功能也是有限的，所有五官的感觉都是有限的，这就是人的局限性，没有办法突破。但是不能因为你感觉不到就说它不存在。因为道不可辨认，所以老子说它惟恍惟惚，若有若无，好像这样，又好像那样。

你看妈妈肚子里面本来什么都没有，可是后来她怀孕了，然后胎儿慢慢长大。如果她没有受孕，那怎么生也生不出来。道也是一样的。说它没有，它明明有；说它有，可就是看不见它，但是看不见并不代表没有。"窈兮冥兮，其中有精"，什么叫作"窈兮冥兮"？就是很深远很昏暗，但是其中有一切生命的原生质，也有生化的原理。光有原生质没有用，如果没有那个生化的原理，它还是动不起来，最后还是没有结果的。"其精甚真，其中有信"，它的这个精是非常真实的，不是假的，不是故弄玄虚的。"其中有信"，就是它让你可以确信。

有些事情，含含糊糊绝对比清清楚楚要好，这就是道的变化，"自古及今，其名不去"，从古代一直到现在，道的名是不会改变的。你看全世界，只有我们中华民族的学问叫作道学。西方的学问叫哲学。其实哲学和道学有点不一样，所以，西方人老说我们没有哲学。当然，我们也不要跟人家争辩说我们既然有道学，为什么还要哲学？为什么？因为道学里面含有哲学，又含有科学，还含有艺术，什么都有。那我们何必非要有那个很特殊的东西？特殊的东西只能存在一时，过一阵子就不见了。凡是很特殊的都不会持久，凡是很固定的都不会变化，凡是很明显的很快就消失了，这就叫道。我们是最懂得道理的人，干吗要跟在人家后面乱窜，这不是显得自己更笨吗？

从古到今，道从来没有消失过，一直存在着，一刻不停留。它一直在做什么？只做一件事情，就是生成万物。那生成万物是什么？是一种历程，是一种活动，是无私的奉献。因为道是无私奉献的，所以它永远不会毁灭。老实讲，我们现在很担心天地会不会毁灭，但是我告诉你，天地是不会毁坏的。所以，老子在《道德经》第七章中才会讲："天长地久。"天长地久的原因是什么？老子接着说了："天地所以能长且久者，以其不自生，故能长生。"因为天地从来不营其生，从来不谋自己的长生，所以能长且久。风箱不会说："你鼓动风，我要留一点，我要收你一点税。"你鼓多少，它就出多少；你鼓得越厉害，它出得就越多。天地自己不定计划，不自谋长生，所以可以长生。人就是想活得久，所以才活不久；人就是想生活得好，所以才累死自己。

天地本来是混沌的，后来打破了混沌状态。请问是谁打破的？就是道打破的。老实讲，道不打破，人再有办法，也打不开，因为连人都没有的时候，怎么去打破呢？天地的混沌状况一旦被打破，它就开始从无状之状、无物之象，进入了有状之状、有物之象，这个变化就是宇宙生成万物的过程。在恍恍惚惚、惚惚恍恍，很微细、很玄妙的状态当中，天地慢慢成形，然后有形有象，就开始产生物，就有精，就有信。在这个过程中，天地一方面慢慢创造，另一方面慢慢演化。所以，中国人的创世说既不是神创论，也不是演化论。

天地无中生有，可是有了以后，想把它消灭是做不到的。那为什么最后又总会不见了呢？道用一个办法，它就不见了。这个办法就是"弱"。道要一个物种消失，它就让这个物种不断变弱，弱到活不了了，就消失了。人到最后也都是要消失的，就是回到道去。老天只要给我们一个字——"弱"。体弱，总生病，老治不了，我们又能怎么样呢？再不愿意，再用各种方式，最终也要消失。就这么简单。

既然大家了解了道生万物的整个过程，以及它的原理，那就要回头想想我们人应该怎么生活。所以接下来，我们就要回过头来看一看：人应该怎么生活？

下编

《道德经》与生活

第一章

如何修道

一

推拖拉中藏玄机

"天地之间，其犹橐籥乎！虚而不屈，动而愈出。"橐籥就是大家很熟悉的风箱。各位有没有发现，风箱和道很像，风箱是一个虚空的东西，看起来一点作用也没有。可是一旦把空气推进去，就会把火吹旺，越推火越旺，就可以让你制造出很多很多的产品。"动而愈出"，就是它一动，就有产品出来，越动出来的产品越多。

风箱一推一拖一拉，火就旺了，所以我们很喜欢推拖拉。可是很多人根本不懂这里面的道理，一直骂我们最会推拖拉。一个风箱在这里，你性子急，只在那里推拖、推拖，根本没有用，火根本旺不起来。拔河也是一样，如果一直喊"一二、一二"，只能步伐整齐而已，产生不了作用。一定要喊"一二三、一二三"，大家才可以共同用力。风箱看起来很空虚，但是它能够使火烧旺，制造产品。它应用起来是无穷的，你越动，它越有新的东西可以被你制造出来。所以，做人做事，一定要懂得推拖拉的道理。古人所讲的话都有它的道理，只是我们后来人把它扭曲了、误解了，最后又把它推翻掉了。

我们推的是什么？是推上道德的高峰。我们一定要记住这件事情，其他都是假的。人生就是透过不同的时空，在不同的职场，做不同的工作，但是目的只有一个，就是把自己的道德不断地推上去。所谓拖，是拖长守中的时间。守中是什么意思？先看这个"中"字，儒家的中是合理，道家的中应该加两点，叫作冲。因为道是靠冲才会产生万物的，叫作"道冲"。什么是道冲？我们打个比方，道冲就像调酒器。调酒器也是空空的，跟风箱差不多，你把两种不同的酒倒进去，冲啊冲，就冲出第三种酒来。一个"冲"字，其实有很多学问在里面。《道德经》第四章就说："道冲，而用之或不盈。"一个调酒器冲出新的酒，你把这个酒倒掉，它又是空的了，然后再装进其他的东西，又会有新的东西创造出来，它永远不会盈满。

这一点用西方人的二分法就很难理解了。西方人把人分成两种，一种叫聪明人，另一种叫老实人。所以西方人告诉你，你有能力就要表现，要让大家都知道你的能力。其实这种人我们很不忍心叫他"浅盘子"，因为这种人是非常吃亏的。一个人不上电视，没有人知道天底下有这么难看的人，可他一上，所有人都知道了。你出来干什么？像这种事情不做可以吧？你有不做的自由，但是非要做，那就没人救得了你了。

我做校长的时候有一个心得：教授有两种，一种是非常有学问，就是讲不出来；另一种是肚子里没有什么东西，偏偏就很会讲。那你有什么办法呢？所以我当时就主张，会讲的人到前台去讲，有学问的人在后面给你充实。但是实行起来很难，我们都喜欢走前台，不喜欢在后台。其实后台往往比前台更重要。大家不要看现在很多 Talk Show（脱口秀）主持人在那边讲得起劲，好像他什么都知道，其实都是后面的人连夜给他做了很多的功课，他才有这么多资料可以讲。西方人只能看到事情的两面，看不到当中的老天爷。我们用三分法，很少采用二分法。但是现在我们的三分法慢慢被西方的二分法取代了，这是我们最需要恢复的一点。

拉，是把生产的时间拉长，拉出人生的正果。人生的正果在哪里？不在相对宇宙中你的位置，而在绝对宇宙中你所在的位置。绝对宇宙中的果位是善的，相对宇宙中的果位则经常是害人的。所以有时候，你在相对宇宙这里受的折磨越多，到了绝对宇宙以后，你的果位就越高。因此我们有一句话给大家参考：人迟早是会觉悟的，迟早而已。哪一天会觉悟？临终的时候。这叫作最后的审判。其实最后的审判是你在审判自己。怎么审判？就是到了最后那几天，你躺在床上不能动，脑筋却一直在动，把你的一生像倒带一样，重放一遍。人临终的时候，脸上表情一会儿这样，一会儿那样，就是在算总账。总账一算完，你就觉悟了。觉悟什么？这一辈子白活了。等到那个时候才知道白活了，为时已晚。所以何必非要等到那个时候呢？越早知道越有福。

各位一定要清楚，人生一世是有天命的，天命不是别的，是你先天带来的，要修改的那一部分。因此，我们每个人会做不同的工作，走不同的路，绝对不要跟别人比来比去，也不要盲目地跟别人学。因为你不是他，他这辈子来修他的功课，你来修你的功课,根本无从比起。你都不知道他在干什么,怎么比呢?所以为什么不要同人家比、不要随便看人家的高低,因为有太多的地方是我们不知道的,我们所知道的只是非常有限的一部分,你拿这个非常有限的部分去概括所有,就叫作以偏概全,做出的判断经常是错误的。那又何必自寻烦恼呢?

我们对每一个人都要尊重,要记住:第一,你不是他,就不要批评他;第二,你不是他,就不要老去关注他。我们现在都是对别人有兴趣,对自己完全没有兴趣,这是很奇怪的。人这一辈子是要把自己搞清楚,不是去把别人搞清楚。你的时间是有限的,最重要的是搞清楚自己,先把自己搞清楚了,有余力再去研究别人。整天这个不对,那个不对,到最后发现对自己都搞不清楚,那是很划不来的。

我们推,是推给合适的人;拖,是拖到合宜的时机,老实讲,时机不到,你怎么做都没有用;拉,是拉出良好的效果。后来人不了解什么叫推拖拉,就一直骂。误解了推拖拉,不知道为什么要推拖拉,只知道盲目地推拖拉,结果把所有事情都搞垮了。推拖拉的学问是非常大的,我们一定要好好把它搞清楚。

二

吃亏就是占便宜

我们每次想到老实人的时候，都觉得老实人很吃亏。为什么？因为我们老受聪明人的气，老上聪明人的当。其实这种想法也是错误的。老子一直告诉我们："反者道之动。"任何事情，你都要反过来想。为什么？因为我们就是要返回，返回绝对宇宙。人一到绝对宇宙就清楚，一到相对宇宙就糊里糊涂了。老实人虽然被聪明人欺负，但是他专门"吃"老天爷，那不很愉快吗？聪明人专门"吃"老实人；老实人"吃"不了聪明人，就放心地"吃"老天爷；老天爷没有事干，专"吃"聪明人。

各位，你喜欢做哪一个？你不敢选当老天爷，所以当然做老实人。为什么我们老说：我是老实人。如果一个人一开口总是说"我比较差""我有很多不懂的地方"，那他一定赢；开口闭口"这个我最懂"，最后一定栽跟头，因为人外有人，大外有大。

《道德经》里有一句话大家千万记住："天道无亲，常与善人。"我们不喜欢聪明外露的人，聪明外露叫精明。精明的人谁都怕，往往得不到任何好处。人要聪明，但是千万不要外露，要含蓄，要有内涵。所以老子老教育我们要深藏不露是有道理的。但是现在一知半解的人很多，也讲深藏不露，那太粗浅了。不露不是没有，而是足够有，这时你才有资格讲不露，如果什么都没有，再怎么露也只有一点点，怎么叫不露？老子讲的话真的要好好去想。一定是有才能的，才有资格讲不露。而且不露不是真的不露，不露就是要露，在适当的时间适当地露，露得恰到好处，一露完赶快跑，要不然人家就会找你麻烦。

历代的道家都是如此，有事才会出来，没事他就走了。有事没事都在的，就像诸葛亮，很可怜，被绑住了。诸葛亮就是因为儒道两家都有，所以他跑不掉。历史上像姜太公，遇到大困难的时候就出来，解决完了，他功成不居，不眷恋，就走了。这种人来去自如，所以来就是去，去就是来。我们后来把它翻译成如来，这是非常有意思的事情，来去是一样的。像这些话，大家真的要好好去体会一下。

"天网恢恢，疏而不失。"这句话的意思是说，老天对滥用智能的聪明人绝不放过。今天这种人最多。聪明人要记住，你的智能是老天开放给你的东西，不是你发明的。老实讲，老天不开放给你，你就算用尽苦心也轮不到你。你怎么想就是想不通，最后那一点就是突不破。你去看很多破案经历，最后那一点的破解，都是很神妙的。

"天道无亲，常与善人。"它告诉我们，天道没有亲戚关系的观念，它是一视同仁的，但是它会常与善人，也就是会经常照顾老实人。老实人不是笨，只是知道最后的结果是一样的。吃亏就是占便宜。为什么吃亏就是占便宜？因为吃亏的话你就少受气，一点亏都不吃，最后说不定气死自己，那更划不来。凡事尽了力就好了，结果是这样，那也没有办法。所以连孔子都告诉我们，尽人事最后是要听天命的。听天命是什么？就是不计较结果。

　　这句话我们再说清楚一点，作为一个人，我们是来享受自己安排的人生过程，所以不要计较结果怎么样，因为结果是好是坏，只有你知道，别人不知道。有人觉得战死沙场才是最好的，有人觉得平安而退才是最好的，因为各人的天命是不一样的。所以，谁也不要去跟谁批判什么东西，要彼此尊重，互相包容。因为最终的答案是永远不确定的。

三

老实人才是真正的聪明人

请问各位,什么样的人才叫老实人?其实老实人就是修道人。修道人七大心法,老子的形容是非常有意思的。

"豫兮,若冬涉川。""豫"就是大象,因为体积太大,所以行动很不方便,好像很迟钝的样子。其实不是,它只是小心翼翼。为什么?因为冬天要过河,是随时有危险的。你到北方去看,冬天整个河面都是结冰的。但是河面上结冰的地方不会结得一样厚,有的地方薄,有的地方有洞,一不小心就很容易掉下去。而且那个时候天气那么冷,你掉下去连呼救的人都没有的话,情况就很糟糕了。

我讲这话是什么意思?就是凡事你要看它的两面。它同样是这种形状,同样是这种象,但是你可以有两方面解释。一方面是你看这个人胆子好小,走个路都迟疑不决。但从另一方面来看,我们也可以这么说,这条路明明那么平坦,这个人却也走得小心

顺道者胜

《道德经》里从来没有「努力」这个概念,因为顺应规律万事自然可成。

扫码添加客服
领取更多福利

翼翼的。这个很重要。你有什么感觉，其实就是你心量的问题。修道的人不可能犹豫不决，只是小心翼翼，因为随时都有陷阱，随时都有变数。一旦出了事，人家只会笑你，没有人会同情你。这是人的一个本性，是老天安排的。

我们不同情有道理的人，因为有道理不可以得理不饶人。我们不希望你理直气壮，希望你理直气和。你虽然有道理，但还是要很客气，否则就是霸道。我们同情弱者，于是有些人就利用这点，制造种种的假象来表现他是弱者，那也是不行的，因为老天最后是会知道的，老天知道了以后，慢慢地老百姓也会知道，这是瞒不过的。

"犹兮，若畏四邻。"做事情，非常戒慎恐惧，因为怕左右邻居讲闲话。为什么左右邻居会讲闲话呢？因为左右邻居看法都不一样，这边说对，那边说不对；这边说应该这样，那边说不应该这样。那应不应该受到影响呢？我先请问你，修道人要不要在乎别人？答案是，你不需要在乎别人。但是你要很在乎别人。这种话不太容易懂。如果你戒慎恐惧，是怕别人说闲话，是装的，那就不叫修道人。我用别人的反应来自我反省，有没有好好管自己，这才是修道人。二者就差在这里。我们是自发的，不愿意干扰邻居，不愿意造成他们的困扰，而不是怕他们指指点点，告我骂我。这两种是不一样的，一个是自发的，一个是被动的。

"俨兮，其若客。""俨"就是严肃，严肃得好像做客人一样。现在有很多孩子，跟随父母去拜访人家，可是到了那里，他就躺在地板上，随意拿这个丢那个，好像在自己家里面一样。此时做父母的是不是觉得很尴尬？做主人的是不是也觉得不知道如何是好？这就是一个家庭教养的问题，做父母的在孩子小的时候就没有教育孩子出门做客要有礼貌，不要乱来，那孩子出去了肯定不知道要懂礼貌。我们修道也是如此，能够整天嬉皮笑脸，想怎么样就怎么样吗？那就不叫修道人了。

"涣兮，若冰之将释。""释"是什么？就是冰融掉。"涣"是什么？就是春天阳光的焕发。冬天高山上一般会结一层冰，到了春天，阳光越来越焕发，气温慢慢升高，山上的冰就会慢慢融化掉，变成水从山上流下来。那些水就供给万物在整个夏天使用。靠的是什么？就是春天阳光那种很焕发的气。

"敦兮，其若朴。""敦"就是很敦厚，好像从来没有被雕琢的原石一样。一个修道人，里边穿得很漂亮可以，但是外面要加盖一件粗布的衣服。这是什么道理？不是财不露白，也不是假装很简朴，而是不愿意招摇，不愿意刺激别人。我们有很快乐的事情想要和别人分享，要看对方这个时候心情好不好，好的话，我们可以讲快乐的事情；如果不好，我们要避而不谈。

你去迪士尼乐园游玩，回来有人问你："怎么样啊？"此时你要看对方是什么情况，如果对方从来没去过，也没机会去的话，你怎么说？你应该说："我去了才知道也不怎么样，其实不一定要去的。"这样才叫作讲妥当话。你明知道对方没有机会去，偏说"很好啊，不去等于白来世上一趟"，那你是在干什么呢？你肯定会引起对方的嫉妒和怨恨，结果还是你自己遭殃。朴是老子经常用的，用来代表道。原石没有经过琢磨，里面到底有什么宝藏谁也不知道，那叫作"朴"。"朴散则为器"，朴原来跟道一样，摸不清楚，但是一打开来，里面各种花样都有。

"旷兮，其若谷。""旷"，很开阔，像广大的山谷，就是胸襟很宽广，心量宏大。我们常讲虚怀若谷，就是指胸怀像山谷一样宽广，可以包容各色各样的人，容纳所有的事情，喜怒不形于色，不会疾恶如仇。这句话告诉我们，做人要胸怀宽广一点，心量要大一点，不要太计较小的事情。那你说，不疾恶如仇是不是是非不分？喜怒不形于色，这个人是不是太假了？其实也不必这样去想，因为你不是对方，不知道对方为什么这样，那你凭什么说他这样不好呢？

"浑兮，其若浊。"道是不可分的，很多东西是混在一起的，好像很浑浊一样。其实稍微静一下，它自然就清了。所以当看到水很浑的时候，有几种做法，一种是去摇它，越摇越浑；另一种是把它摆在那里，不要去动它，它一会儿就清了。水有能力清除自己的污点，能冷静地排除沉淀物，所以不要去干扰它。

各位，看完上面这些，你有什么感想？老实人才是真正的聪明人。有三句话，各位可以好好想一想：马马虎虎不马虎，含含糊糊不含糊，随随便便不随便。这三句话很有代表，是非常神妙的。

我们讲马马虎虎，其实是很好的意思，不是坏事。但是说马虎，就是坏事。比如，一个人把木料刨得很平，很光滑，摸起来很舒服，别人夸他"哎呀，你功夫真好"，他怎么回答？"没有啦，马马虎虎。"马马虎虎是功夫够好，才可以说马马虎虎。如果一个人把事情搞得乱七八糟，领导怎么批评他？"你怎么搞的，太马虎了。"马虎跟马马虎虎完全不一样。我们做人要马马虎虎，但是不能马虎。

含含糊糊不是真糊涂，是装糊涂。看到假装没看到，知道假装不知道，为的就是不要让对方太难过，稍微照顾一下他的面子。过一会儿他自己就会明白了，你那么急干什么？他不过慢你五分钟而已，你连五分钟都不能忍吗？但是不能真的含糊，过程虽然含含糊糊，最后的是非还是要非常清楚的。

随随便便不随便，小事随便，怎么样都好；大事要有原则，一点不容随便。我们是难得糊涂，忙中偷闲，苦中作乐。这个就叫"一阴一阳之谓道"。

第二章

品德修养

一

"无"是那只"看不见的手"

老子说:"故常无,欲以观其妙;常有,欲以观其徼。"一个是"妙",一个是"徼",这两个字有什么区别?"妙"是无形、无极,看不见、摸不着;"徼"是有形、有极,看得到、摸得着,这两个是不一样的。有的事情是有痕迹、有轨道的,我们可以去分析,但也要常常站在无的立场去看事情,因为很多事情真的是我们看不见、摸不着、听不见的,叫作妙不可言。西方人认为这些看不见、摸不着、听不见的东西是不可能知道的事情,但是他们也承认它的存在,把它叫作看不见的手。

看不见的手,其实比看得见的东西力道还大。老子的意思是说,同样的一个过程,同样的一个目标,同样的努力,为什么有的成功,有的没有成功?那个无是什么?就是你的品德修养。所以我很大胆地说,西方所讲的看不见的手,就取决于你的品德修养层面。比如,你一向都是规规矩矩,不去伤害别人,那得胜的机会就比较大，当然这个要看你相不相信。

如果把《道德经》从头到尾读通了以后，就会感觉整个就决定在这个上面。老子希望我们做到四个字就好，叫"唯道是从"。我们这辈子就认定道是我们要走的路，那里面有很多偏道、很多正道，你自己选，要走哪一条路都可以。我相信大家都是要走正道的，那你去走就好了。

有是非常短暂的，它前面有无穷的无，后面也有无穷的无，无随时可以变有，但是有最后还是变无的。从中可以了解到，我们叫你不要争一时，要争千秋，那个意思就在这里。我现在不如别人，有什么关系，因为前辈子赢过别人太多了，看到别人只好让手，那有什么不好呢？有是很短暂的，无好像更长远。我们所讲的"生不带来，死不带去"是指看得见的部分，"先天带来，后天带走"是指看不见的道德。道德是会追随你走到无，然后一直走，再到有，再到无。这样大家慢慢可以了解到，我们活着这段只是道德的升降，只是做这个工作而已。这辈子来，道德方面是加分还是减分，仅此而已，其他都无关紧要。道德是那一只看不见的手，具有决定性的力量，但是大家都不相信。因为我们都习惯了，有才信，无便不信。就是这句话把人害死的，说那不科学。什么叫科学？你连什么叫科学都搞不清楚，就讲那不科学，这是现代社会很奇怪的现象。无是因为你看不见，而不是它不存在。

走正道刚开始不会很热闹，同时也会有挫折。为什么？因为总有魔要把你引开来，会给你很多的诱惑，会想办法让你走上偏道。越是有成就的人，魔就越厉害。因为魔去附在一个没有成就的人头上，等于白费时间、白费力气，所以它一定是找那种有成就的人。这样就很清楚了。曾经有一个人问我，他会不会走火入魔。我说你现在做什么，他说我没有做什么，只做小生意。我就说那绝对不会。他问为什么，我说如果魔附在你身上它也很辛苦，早上起那么早，晚上睡那么晚，那就不叫魔了。当你很有贡献、很有成就的时候，就要知道，你会受到很大的挫折，因为大魔对你特别有兴趣。而这就是你最要紧的关卡，你能够过去，就修成正果；如果不能过得去，就毁于一旦，就是这样简单。这就是《易经》所讲的，处在四爻跟五爻之间的一个关卡。

二

眼见未必为实

无中生有,无中是有有的,无中如果没有有,就不可能生有。有复归无,就是说有最终也是无。比如,高楼大厦总有一天会变成一片废墟,再好的车子总有一天是不能用的,再健康的人最后也是要死的。判断是非怎么能够只看到有呢?

你现在看到甲在打乙,也许仅仅是看到这个片段而已,可能前面这段是乙打甲,你没有看到,甲被他打得气起来才反击,被你看到了,然后呢?乙又猛打甲,你又没有看到,如果你只看到这里,就断定甲是错误的,那这算什么?但人生就是如此,你老觉得这个家伙没有钱就找你借钱,借了都不还,却不知道上辈子你老跟他借钱,他的人生规划就是因为你才修改成这样的。

观有,观无,观无无。观之以目,是观有;观之以心,是观无;观之以神,就是观无无。同样一个观,要看你是怎么个观法。靠眼睛不可靠。我们经常讲"我亲眼看到",你亲眼看到,看错了那有什么办法？要不然罗生门是怎么来的？罗生门就是同样一个景象，但是十个人看了回去报告都不一样。再比如这里有一扇窗，让大家往窗外看，把你看到的写下来，答案都不一样。有人看了说，窗外有一根电线，上面有五只鸟，因为他对鸟最感兴趣。有人看到窗外有一个穿红裙子的女孩，那他对这个感兴趣，别的都没看到。各取所需，这没什么不对。同样一个景象，每个人看到的不一样。观之以心就比较好一点，但还是不够全面。观之以神的意思就是说，你根本不用出门，就知道天下事。老子告诉我们，跑得越勤，跑得越远，知道得越少。就像一个人只到过一个地方，可是他对很多地方的描述都很清楚，好像真的到过一样，人家不会怀疑。但是一个人全世界都跑遍了，他就混了，不知道哪里是哪里，人家反而很怀疑他到底真的到过没有。

"玄之又玄，众妙之门。"为什么要用两个"玄"字？前面那个玄是说有跟没有本来是不一样的，但是如果你有办法把它看成一样的，你就很高明。所以这个玄就变得不玄，既然你这一关克服了，后面就没有什么好玄的。这时候就进入了"众妙之门"。什么叫众妙之门？众妙之门就是无。它的意思是说，最后的本源应该一直追，追到无才能得到答案。如果只是在有的地方打转，还是不够深入的。

这样我们才了解，我们听人家的话都是将信将疑的。除非大家交往很久，没有什么利害关系，才会完全相信，否则的话我们都会怀疑他背后的动机。交情的深浅决定一个人讲话的程度，过去的我们一向是交浅不言深。不像现在的人，什么话都讲，其实这样对我们很不利。随时被人家抓到把柄，后面他要做什么，你都不知道。所以我还是那一句话，防人之心永远是不可无的，害人之心是绝对不可有的。这两句话我们始终是一起讲的。

我们经常听到这样的对话。"我昨天看到你了。""我根本没有出门。""你没有去买午餐？""那不算出门，我买了午餐就回家了。""你昨天三点钟在做什么？"怎么回答才好？只用一套答案，什么事情都解决了。"昨天三点钟我到底在干什么？我怎么一点印象都没有了？"这样回答，气死的是对方，不是自己。因为对方没有权利问，就这么简单。如果很认真地回答，那就上当了。

有无相生，要兼顾，所以中国人很喜欢兼顾。我们不要把一个撇掉，只走一条路，那就叫"偏道"。我们会两边兼顾，希望左右逢源。但是左右逢源不是说所有好处我都要。动机是看不见的。西方人不研究动机，专门研究行为，他们的理由是：行为是看得见的，动机是看不见的，花那么多时间去研究那个看不见的干什么呢？所以他们只有行为科学，拒绝研究动机。但是中国人会告诉你，行为一个样，背后的动机却是不同的。所以大家慢慢要了解到，该快的要快，该慢的要慢，而不是快就好，有时候慢反而好，使双方情绪都冷静下来以后，才好谈问题，在火气上面是很难化解问题的。

三

以道观物，天人合一

放大眼界，以道观物，除去所有的滞碍，泯除一切的不同，一生一切，一切就是一，把有无合在一起，这就开了最玄妙的"南天门"，叫作"天人合一"。

天人合一，就是你的良心合乎天理，就叫天人合一，其实每个人都做得到。"南天门"就是我们讲的众妙之门。为什么是南天门？因为我们都是坐北朝南的，所以所看到的都是南天门。南天门在哪里？在你看不见的地方。南天门就是无，你要用你的心去悟，而不是用眼睛去看。中国所有的传说都跟南天有关，很少牵涉到北天。当然也有北极玄天上帝，他是执法的，很严厉，不太讲情。所以你碰到他的时候，应该知道怎么样去跟他做合适的因应。

我现在问各位，如果你碰到你的冤家债主，要怎么回应？这个比较重要。人很少没有冤家债主的，因为累世招惹来的事情太多，仅凭一时是理不清的。我倒是劝各位，当冤家债主找到你的时候，要高高兴兴地去迎接他，不要躲，如果现在躲了他，他早晚还是要找你的。如果你笑笑说："你终于来了，我等了很久了，谢谢你这么早来，你越推后，我越麻烦，你要什么我都答应你。"好好跟他商量，他看你这么好商量，就会说："其实我也没有太多时间了，我们就这样做算了。"他就回去了。因为他也要修，如果不修，老在那里停滞不前，他也很烦。你对他要有信心，要跟他做良性互动，不要跟他对抗，不要跟他争执，反而是好事情。反正你爱怎么样你就怎么样，我认了。他反而说没关系的，他也不那么恨。大家是很好商量的，但是很难用理性来对立。如果一定要说清楚讲明白，那就没完没了。你讲他想怎么样就怎么样，都不要紧，他反而三两下就说无所谓了，很奇怪。这就是我们的生活哲学，你越是讲一大堆的理由就越麻烦。

有时候你去跟人家道歉，其实是没有用的。你讲什么理由他都听不进去，他心里想，你还讲一堆理由，就表示你根本没有道歉的心。所以对待他人，有时候给他倒一杯茶，拿个拖鞋，或是到外面买一份报纸给他看，他的气一消，可能就没事了。

老子把它叫作什么？叫作"弱者道之用"。你要用柔、静、弱的方式来化解事情，千万不要用强、硬、刚这些非常不好的手段。刚易折，这些在大自然里面都可以看得到。你到山上去看，凡是长得乱七八糟的树，都不会被砍掉，谁吃饱了没事做，去砍那些树回来？凡是长得直直的树，看着很挺拔，多半会被砍掉。谁叫它生得那么直呢？大家真的要好好去想一下这些事情。

人生离不开有，所以产生分别心，产生不平之愤，因此我们要破有执，才明白有无是相生的，有最后是归无的。这个时候就会知道，人人真正是平等的，不平等只是活着的这一段，死了以后都平等。

　　破除分别心，去掉不平的怨气，这是我们要修养的很重要的一个方面。得道不是糊涂，只是糊里糊涂而已。这个含含糊糊不是真糊涂，是心里有数，知道这些都是临时的。你不是坏人，只是一时做坏人而已，那么你能够改善是最好的。老子的说法是，我们做好人，没有什么稀奇，本来就应该做好人。我们做好人，应该做到坏人跟我们在一起也会向我们看齐，会受我们的感化，他会变好，这才是我们的作用。老子比较强调这方面的事情，而不是说我是好人，你是坏人，我就是跟你过不去，我就是要处罚你，不是这样。

　　阴阳是"易"之门，有无是"道"之门，生死是轮回之门。人活着的时候，叫今生，所讲的其实都是相对的话，只能享受相对的自由，相对的平等。对整体的人生来讲，你在这里能活多少年？最长也就一百多岁。所以大家慢慢了解到，为什么你做一些事情做得那么辛苦，为什么做了感觉好像一点成就都没有。你就知道，是你做错了。你这辈子不是来做这个事情的，这样就对了。我们本来是清清楚楚把先天的计划带来的，可是老天让我们生下来就忘光了，这是老天对我们的高度保护，但是这也造成人很糊涂，所以我们需要启蒙。启蒙的意思就是说，不能教给任何人任何东西，而是要让他慢慢去把他先天带来的人生规划开放出来。如果你后天所走的路跟你的先天计划是吻合的，那这一辈子的任务是可以完成的；如果不吻合，那就错了，就白花力气了。

　　大家一定会怀疑，人死了以后还有来世吗？这个就牵涉到一次生死论跟多次生死论,看你要选择哪一个。我在英国的时候,碰到这么一个案例。英国有一个灵魂研究所十分有趣。有五个最要好的朋友——英国人是很相信签约的,他们五个人来签约,说谁先往生,不管到天堂还是地狱,无论如何都要回来通报一声,好让剩下的人知道真的有这个东西。五个人自己来印证,来做实证。结果等了好几年,其中一个人往生了,大家虽然很不舍,但是也觉得说好了,有机会实证了。于是其他几个就开始等,一年,两年,没有消息。三年以后,又有一个人出车祸走了。剩下的三个人说,前面那个人不守信用,这个人应该守信用。可是又等了三年,还是没有消息。然后他们就断定,既没有天堂,也没有地狱,因为那两个人跟他们都是这么好的朋友,而且又签约了,怎么就没有人回来通报呢?可见是没有的。然后就到灵魂研究所去,提出他们的实证结果。各位,你知道研究所里面的人怎么讲?里面的人说,你们全错了,前面那个人是到地狱里面去了,他想来通报,可是怎么请假也不准,因为他罪行重大,一天到晚说他要信守他的承诺,回去通报一声,但是管理地狱的人说,那个事情不重要,不准就是不准。后面那个人,你不要看他是出车祸死的,其实是上天堂了,可是因为他是出车祸后上的天堂,就觉得格外珍贵,所以宁可失约,也不愿意回来,如果回不去不就糟糕了?

人生不长,要好好利用时间,把自己的能量修好,而且最好是修正能量,这样才是有帮助的。

所以,人争千秋不争一时。有无一定要兼顾,想长一点,看远一点。老子已经说得很清楚了:"迎之不见其首,随之不见其后。"你在前面看它,看不到它的头;你在后面看它,看不到它的尾巴。这就是讲道,道是没头没尾的,因为它是连续不断的,永远不会断。来的好像没有来,去的好像没有去。用道来观看一切,就会减少很多烦恼,减少很多不必要的麻烦,这样才能达到天人合一。

四

常回归道心才会长久

《道德经》第三十三章说:"不失其所者久,死而不亡者寿。"这个"所"就是道心。大家要记住,人心是很可怕的。常常回到道心,你就会长长久久。但是长长久久不是说你不会死,不是说你一定会长生,而是说就算你死了,你的道还是存在的。人不可能不死,但是身死道犹存,就叫作"寿"。老子所讲的寿,跟我们所讲的不太一样。一般人所讲的寿是只想到自己,就是我的命很长,我要活很久。其实不是,老子说你的身体只是这一辈子要用的东西,丢掉就丢掉了,但是你要让你的道长久存在。

西方人走的这一条路,是活在上帝心中;我们走的这一条路,是活在人们心中,大家记得你,你就虽死犹生。我们过的是一种心灵生活。人即死即亡叫"失道",死而不亡叫"得道"。我们的路是要把自己修好,死了以后还活在大家的心中,那你就了不起,就可以安安稳稳地回去。但是现在回去的路是越来越难走了，因为前面的人制造了太多的岔路，非常复杂，等到你临终的时候，一念之差就跑到岔路上去了，就回不了家了。所以我们要有正念，但是正念要靠自己很小心地去选择，而不是人家告诉我们，因为每个人都认为自己的才是正念。人生的目标，走的方法，要靠自己，不能靠别人。

最后的结论：求神不如求人，求人不如求己。因为神没有手脚，人多少有手脚可以帮助你。求人不如求己，最后还是你自己决定要怎么去走，怎么去选择。我们今天最要紧的，就是培养自己的两种能力，一种叫选择，另一种叫判断。现代社会有它的好处，想阅读什么，一上网就知道了，比以前快得多，但是也带来了很多问题，就是资讯越多、越纷杂，你接收的时候越要慎重。我们也发现了，很多资讯都是假的，是乱七八糟的，所以你要慎选，不要看了就相信，也不要看了就不相信。

第三章

功成不居

一

"对待"的观念

因为我们在相对宇宙,所以老子告诉我们,标准要有,但是不应该一致。我们现在就是用"标准"加上一个"化"字,叫作"标准化",这是不对的。要有标准,但是标准要有弹性。大家会问:标准怎么会有弹性?没错,你所讲的标准只是很小的一部分,就是在生产线上,那个标准当然要一致。可是其他很多地方,人们是非常讨厌一致的。比如说穿衣服,叫你穿同样的衣服,你高兴吗?当然不高兴。

我们来看《道德经》第二章讲的:"天下皆知美之为美,斯恶已。"意思是说,如果太多人都知道有美的东西,马上就有人知道有丑的东西。你不讲美,他不会想到丑;你讲到美,他就联想到原来还有丑。"斯恶已"那就糟糕了。你看,如果美有统一的标准,我就知道那个人是美女,所以我要追她。如果每个人都追她，她就很倒霉了。没有人追，很苦恼；有很多人追，更苦恼。老子对人性的刻画是无比深刻的。大家不要以为老子反对美，他什么都不反对，因为这是不可能反对的。只要有人，就有主观，就有美跟丑的观念，这是不能避免的。如果老子要我们连美跟丑的观念都没有，那就变成极端了，就不好了。

"皆知善之为善，斯不善已。"这句话是说如果我们今天有一个善的标准，那就很麻烦了。因为大家就会按照这个标准去做，但是很多做出来的都是表面，都是形式，都是伪善。这个我看到过很多，相信各位也有同感。比如，有模范母亲的评选以后，你就知道很多的模范母亲都是用钱买的。学校要推举好人好事，凡是拾金不昧的，记小功一次，就有人串通，你来丢我来捡，从学生时代就会了。任何形式化的东西都有人伪造，都会搞出很多虚假的东西来。

所以请大家听清楚，老子不反对美，不反对善，他只是告诉我们，如果太强调这些东西的话，就会产生负面的效果。美丑如果有固定标准，大家都求美而去丑，社会就乱了。有善就有恶，大家都想做善事，都不想作恶，那怎么办？只好做假，只好虚伪，只好欺骗，所以伪君子一大堆。假道学是非常可怕的，老实讲，社会上有很多人是假道学，外表很老实，内心很奸诈。你怎么看他都是个好人，但是他做尽了坏事。比如，降低成本本来是好事情，但是最近我们发现，太多伤天害理的事情，都是假借"降低成本"这个好的名词，然后乱来。把救灾当作好事，那就是幸灾乐祸，好不容易你有灾难了，我当然要表现一下，反正拿的是别人的钱，我怕什么，如果拿我的钱那就不行。我想大家应该看得很清楚。但是我警告各位，看不清楚的人是很多的，那就真的叫作愚夫愚妇。

老子接着说:"有无相生,难易相成,长短相形,高下相倾,音声相和,前后相随。""有无相生",可见有跟无不是对立的,难易、长短、高下、音声、前后都不是相对立的,那是什么?是相对的。我希望各位把脑海里面那种相对立的观念去掉,因为它是不存在的东西,很多人看不清楚才会认为对立。天底下没有对立的东西,只有相对,因为它们会互相转移、互相包容,甚至互相作用。

有跟无看起来好像不一样,实际上是一样的。为什么?因为有很快就变无了,无很快又变有了。看长远一点就知道,有跟无是完全一样的。把有无相生参透了以后,我们就知道人既没有生也没有死,既没有来也没有去,既没有好也没有坏。

"难易相成。"你把容易的部分做完了,就没有难处了。如果一开始就想挑战难的,你会觉得它好难。那你现在不去做那个难的,做容易的,等把容易的做熟练了,做到有自己的技巧了,天下还有什么难事呢?

"长短相形。"如果没有比较,你怎么知道哪个长、哪个短呢?只有一根棍子,你说它是长还是短?很难说。

"高下相倾。""倾"是依靠的意思,高跟下要相依靠。再高的楼盘,都要有很深的地基做基础。所以我们看高楼,老问地下有多深,对方回答地上有二十层,地下一层,我们就摇头了,因为地震一来,这个楼会垮得很快。

"音声相和。"音就是声,声有了节奏,让人能听出道理来,就叫音。牛只有声没有音,所以它不会讲话。人会讲话,是会把声变成音。很多人讲话有声无音,这是比较吃亏的。人没有到,声先到,而不是音先到。比如地位高的人突然间闯进来,大家都会很尴尬,所以他习惯在门外清清喉咙,这是声,不是音。他只是告诉你，有重要的人来了，你们不要不规矩。有人会说：这不是要求人家做假吗？其实不是，因为我们没有要求人一天二十四小时都那么紧张。你可以合理地松懈，但是重要的人来了以后，你要合理地严肃。

"前后相随。"如果没有前，就没有后；没有后，就没有前。一切是为了方便用，我们没有办法把它们很认真地说清楚。什么叫前？不知道。什么叫后？也不知道。

《道德经》第七十章讲："吾言甚易知，甚易行。天下莫能知，莫能行。"老子很感慨，这个"吾"不是指我，是指我们，他说我们所讲的话都很容易懂，都很容易做，但是天下人好像都听不懂，也做不到。我们的智慧是"知易行难"。听到了马上说我知道了，但是一辈子也做不到。所以做比较有用，做比较重要。

二

道永恒变动

《道德经》第四十章有两句话非常重要："反者道之动,弱者道之用。"道是用反来运动的。时间是朝坏的方向去流动,而不是好的方向。如果时间往好的方向流动,你根本不用担心,也不用做事情,就躺在床上,越躺越年轻,东西摆在那里,越来越新鲜。没有这回事。人是越来越老,所以以后听到人家说"你都没有变",那是骗你的,没有一个人例外。东西越来越旧,不可能自己翻新;事情越来越糟,所以上来容易下来难。一个人要知道自己什么时候该下来,因为下来很难,人家给你台阶你还不下来的话,那后面就很惨。人上来是靠机会,有人利用你,你就上来了;有人捧你,你就上来了。那非常容易。但是下来很难,经常被腰斩成三段还下不来。

"弱者道之用",中国人是同情弱者的,所以弱者反而有机会变很强。为什么我敢打你,却不敢打他?因为他手无寸铁,我打他，他会受不了，所以我不能出手。像这些，我们自己应该搞清楚。

我以前有位邻居，是台湾的柔道冠军。有一次我碰到他，发现他被打得满脸都是伤。我就说："你这个冠军是假的，你根本打不赢别人。"他说："我哪里是假的？不信我们来试试看。"我说："不用试，我跟你还用试？"他问我："你知道我是被谁打的吗？"我故意说："一定是比你武功更好的人。"他说："哪里有？是我太太打的。因为她很弱，所以我不能出手，一出手她命就没有了，所以只有她可以打我，我随她打，不敢还手。"你看，弱的反而赢了。从这个例子中大家就会发现，老子永远活在我们身边。

任何事情，你把《道德经》一搬出来，就化解掉了，不用担心。你不读《道德经》，天天在那里苦恼，那是你的事。道永恒变动。大家记住，永恒不是不动，而是常常变动。为什么会永恒？就是因为它常常变，所以才会永恒。一旦不变，就僵化了，僵化就准备死亡了。所以不要以为永恒就是不变。

永恒可以不变。它为什么不变？就是因为它常变。常常变，它才是活的；一旦不变，它就是死的。但是它这种常常变是不变的。这句话如果讲给外国人听，他会听不明白，因为他脑筋转不过来。原来无所谓正反，因为正就是反，反就是正。所以中国人最聪明，反正就是这样，你还管什么反，什么正？

人往往执着于死为生之反、祸为福之反、坏为好之反、丑为美之反、恶为善之反……记住，一切都是会复变的，美会变丑，丑会变美。人要变丑很容易，心一不正，鼻子歪了，嘴巴也歪了。你去整容，第二天回来它又歪了，因为你心不正，怪谁呢？

本来没有正反，就是因为你的心量不够大，非要说有正反，那你就是有正反。实际上老子告诉我们，一切都是自然在那里动，它没有什么意志。很多人说天是有意志的，其实天没有意志，道也没有意志。道为什么没有意志？因为它不用控制你。

你说老天可以杀人，但是老天不出手，是让你杀你自己。我们每一个人都是自己把自己生出来，自己把自己弄死。我们这一句话最有智慧：你啊，把自己搞成这个样子，怪别人干什么？人都是一辈子七搞八搞，把自己搞成这个样子。所以，人生应该很轻松的，应该从自然当中去领悟，原来这就叫作天意。

弱不是强的相反。由于人大多喜欢强，而不喜欢弱，所以老子才用"反者道之动"来说明。你喜欢强，很快就变弱了；你说我处弱，我很快就变强。记住，"物极必反"这四个字是永远不会变的。但是物极必反有两种情况，一种是好变坏，另一种是坏变好。所以它还是变的，变当中有不变，不变当中有变，这才是《易经》的道理。

三

顺应民意是为圣人

《道德经》第四十九章说:"圣人无常心,以百姓心为心。"圣人并没有说自己要做什么,只是顺应民意。但是难就难在,民意是什么?没有人看得到。我一再说这句话,大家现在应该体会得更深刻。言论一旦有了自由,社会就没有公义。因为说真话的人不会去说出来,凡是说话很大声的人,讲的都是很偏的道理,不然讲得那么大声干什么?都是没理,才讲得那么大声。人不用强调,一强调这里面就有问题。

圣人从不以自我为中心。我们现代人非常可怕,就是自我意识太强,最后葬送了自己。你按照老子的道理就知道,"反者道之动",一个有自我的人,最后会让你没有自我;一个没有自我的人,会让你慢慢地有自我,因为物极必反。所以圣人并不固执己见,而是以百姓心为心,来化解私心。这里面有一句话,始终没有讲出来。最后由谁讲出来?由孙中山先生讲出来。孙中山先生讲了一句至理名言，他说民主如果要变成制度的话，需要由一两位我们可以信赖的先知先觉的人来引导，在这种情况之下，是可以民主的。如果我们现在欠缺这一两位先知先觉的人，那就没办法谈民主了。

"善者，吾善之；不善者，吾亦善之，德善。信者，吾信之；不信者，吾亦信之，德信。"大家认为好的，我也认为他好；大家认为不好的，我还是认为他好。大家说他很有信用，我相信他；人家说他完全没有信用，我还是相信他。这不是糊涂。圣人心中很清楚，百姓之中有善有不善，这才是事实，因为我们活在相对世界。既然是相对世界，有好人就一定有坏人，不可能完全没有坏人。有善就有恶，这不是对立，而是相对。

何谓圣人？就是无论善或不善，都能够善待。那要怎么善待？就是善的人让他更善，不善的人让他趋向于善，这才叫圣人。这样叫作教化，不是教育。教育的层次没有那么高，我们现在就是缺乏教化，最多做到教育教学就了不起了。我经常很感慨地说，我们目前的时代是"三不"。第一"不"是父母不敢管子女，一管就翻脸，还说要做他的朋友。你做他的朋友，做到紧要关头就没有办法管他了。第二"不"是老师不敢管学生，一管他就噱你，说你教学不良，而学校就信以为真。这很奇怪。因为校长也不敢讲话，校长平常侃侃而谈，到紧要关头却不敢讲话。第三"不"是政府不敢管百姓。

圣人内心充满了善意，但是不会表现出来，他的善意发自内心，一视同仁，没有条件才叫"德善"。这种感化的能力，不是一般人能做得到的，要靠两个字，叫作"养望"，把自己的声望培养出来。紧要关头就是这些人出来讲两句话，才能风平浪静，可是现在这种人越来越少，因为整个的形势搞得这些人不会出来讲。为什么？你平常也没有尊重我，这次我为什么还救你？算了，免得被你拖下水。

圣人的伟大不在于分辨善与不善，什么都要分善恶是很差劲的。只有小孩子看电影才会问："爸爸，这是好人还是坏人？"这很幼稚。成年人知道，好人也会做很多坏事情，坏人偶尔也会做好事，这才是事实。圣人不分辨这个人可信任或者不可信任，因为那都是很粗浅的。圣人的伟大表现在哪里？在于使不善者自觉地趋于善，使无信用的人自觉地、自律地变成可信。

四

圣人无为，功成不居

我要提醒各位，如果没有方法的话，讲这些都是空谈。很多人批评我们的经典，说讲了一人堆都是理想的东西，没有提出方法论。其实不见得，老子是有方法的，我们来看看他的方法是什么。

《道德经》第二章讲："是以圣人处无为之事，行不言之教。"这是很具体的方法，圣人只要做到这两句话就好了。"处无为之事，行不言之教"，用无欲不居功、不求地位的心，只采取什么？无为而无不为。老实讲，一个人有为，其实心就已经偏了，你决定要做什么，人家就开始怀疑你的动机；你无为，也没有什么企图，看着办，人家就搞不清楚你的动机是什么，然后就会看你是不是真的可靠。

我在这里说得非常明白，我们因为受"反者道之动"这句话的影响非常深，所以经常是从反面思考得多。因此，我们都是以怀疑为出发点。遇到事情先想，这是真的吗？我们一向是这样的。为什么？"反者道之动。"所以为什么我们要的时候都说不要，最后反而要到了。你说我要，他偏不让你要，那就看你能不能处无为之事了。"处无为之事"不是说假话。做到好像没有做一样，那是虚假，那是奸诈。我真的没有想干什么，只是顺着自然的情势去发展，随时调整，这样才行。因为我没有说出很明确的目标，所以就可以适时调整。如果讲出来就要算数，那就完了，因为环境不断地在变，你怎么可能讲话算数？

现代人非常矛盾，一方面告诉你变数很多，另一方面告诉你说了就要算数。说了就要算数，怎么算？所以我们一些人搞到最后彼此之间都没有信任感了。老板告诉你，你跟着我没有错，我保证你有饭吃，你会相信吗？没有人相信，因为到时候公司倒闭，老板跑掉了，你找谁？这些都是年轻人很怀疑的地方。

你能不能无欲，这是动机，也是看不见的，不是说了就能让别人相信。我们是凭感觉来相信或者不相信，而不是听你的话。你不要居功，一居功就扭曲了。不要求地位或使命感，说实话，没有人会配合你的使命感，没有必要，能不能完成是你的事，我们很自然。

我们的无为就是不违反自然，其他什么都可以做。一违反自然，你就什么都不能做了。先决条件是无为，无为不是不做，而是不违反自然地做。崇尚素朴，不以外在的教条、法令来管制他人，以身作则，使他人自动自化。我们一些人最喜欢说我想通了我自己会做，不用你管，那才叫自在。我讲得更明白一点，其实你要让跟随你的人走他自己的路，而不是走你的路。走你的路他就没有价值了。他老跟着你，他干吗呢？

我从二十六岁开始教书，从来没有讲过哪个人是我的学生。

这一点我觉悟得很早。因为我一旦说谁是我的学生，我就很惨。很多人不了解这个，他们聊天会讲，那天某某说你是他的学生，他怎么反应？他心里想，我是他学生，我怎么一点印象都没有呢？老子的道理就非常管用，"反者道之动"，这个事情反过来讲，某人说是你学生。我说："什么学生？我们是好朋友，很好的朋友。"他就跟那人讲，某某说你是他朋友。那人怎么说？"什么朋友？他明明是我的老师。"你看，我就是老师了。

所以，大家真的要想想怎么好好运用。老师是人家认定的，不是你自己说的。现在很多年轻老师喜欢说，我今天教你们什么。学生们就很反感，你教我们什么，你自己都没搞懂，还教我们。我每次上课都说我们今天一起来研究什么，从来没说过我教你们什么。我凭什么教你们？有新的东西还要你们教给我，不然我不懂。这样是你们难看，不是我难看。我有什么难看？我老了有什么难看？你们难看，说怎么可以跟这种人学，于是就赶快把新的资料都告诉我。我还要问他这是真的吗，那多轻松愉快。人都是自寻烦恼，自找麻烦。这一点我们千万要记住。

《道德经》第二章后面还有一段："万物作焉而不辞，生而不有，为而不恃，功成而弗居。夫唯弗居，是以不去。"道生万物，它没有选择说这个它生，那个它不生，它没有分别心，但是它不告辞。不告辞就是说它生了万物以后始终陪着你，一方面它不推辞，另一方面它不告辞。它没有选择，但是它一直陪你。"生而不有"，它生了万物以后，却不占有它们，我想这是我们跟西方文化不一样的地方。西方是占有、主宰，我们是不占有。"为而不恃"，很多事情，我没有自恃有才能。我有什么才能？我没有才能，是你自己做的，你自己有办法，不是我有办法，我没有教你，是你自己能干。"功成而弗居"，我有很多功劳，但是我没有认为我有功劳。还有这句话才是真了不起："夫唯弗居，是以不去。"因为你不居功，所以没有人会抢你的功劳，你就永远有功劳。但是老子这句话不是让我们有意这样去想，他的意思是说，你不要功劳，就没有烦恼，就不用怕人家抢，那就很自在。功劳是让给别人，你才有的，抢来抢去，大家都没有功劳。

道生万物，不离开，也不干涉、不控制，任万物自化。天地创生万物，自然而然生养万物，犹如接生婆。接生婆替人家接生以后，也没有把婴儿抱回家，她抱回家还得了？那一天要抱多少个。她没有占有的必要，也不能标榜自己的伟大，不能居功。圣人无心居功，也无求，这样广大的心量，才能与天地共同化育。所以老子认为，明哲保身是最重要的。我们一直误解明哲保身是很消极的，好像只顾自己，其实都错了。人如果连自己的身体都保不住，那你的聪明在哪里？

《道德经》第九章说："功遂身退，天之道！"功成身退是天之道，白天太阳普照大地，晚上月亮当空，太阳就退下来。当然你会说，不是太阳退下去，是地球在自转。固然是地球在自转，但是地球为什么要自转？就是让人有一个调息的时间，否则它自转干什么？这才是自然的规律。人生在世，一定要对社会有贡献，否则就叫什么？这话不好听，就叫饭桶。除了吃饭以外，什么事都不做，不叫饭桶叫什么？但是不能居功，要安然身退，才合天理。

你已经得到这辈子所要的东西，不能再要什么了，否则就是太贪。很多人喜欢说自己贡献多大，但是一说出来，贡献就没有了。我们所有人都这样，你不说，他尊敬你；你一说，什么都没有了。大家会想，赞美你一下，你就当真了。人性就是这样，你不说，大家会说你贡献很大；你一说，大家都说没有的事，只是你自己说得好听而已。这是非常妙的事情。

《道德经》第十三章："吾所以有大患者，为吾有身；及吾无身，吾有何患！"这句话看起来，好像老子很讨厌身体。他说我所有的祸患，都是这个身体找来的。没有手，我会打人吗？没有脚，我能够偷东西吗？没有嘴巴，我会骂人吗？没有眼睛，我会瞪人吗？所有的坏事都是身体做出来的。如果没有身体，我还有什么患呢？

老子兼顾保身跟无身：一方面讲究身体的保养，另一方面要抛弃对身体的执着；一方面保持健康，另一方面不受诱惑。这就是两面性。把身体顾好，既可以做好事，也可以做坏事，一个因有好几个果，不一定只有一个果。身体健康是重要的，但是要不受诱惑。

为什么两句话连在一起讲？因为健康的人更容易受到诱惑。一个不健康的人，想拿，他会想算了，我抢不过人家；算了，我争不到，不要了，反而是把保护伞。健康的人会觉得，我怎么要不到？我当然要得到，只要人家要得到，我一定要得到，信心满满，结果真的完了。

第四章

人道与天道

一

损有余而补不足

什么是天之道？《道德经》第七十七章讲："天之道，其犹张弓与？高者抑之，下者举之；有余者损之，不足者补之。"我们搭弓射箭时，把箭放在弓上面一拉，对准目标，你会发现什么？有的弓凸得太高了，把它弄得扁一点；太扁了，把它弄得高一点；弦如果太长了，剪短一点；太短了，续长一点。你要把它修整好，顺你的手，合乎你的需求，然后对准了，放出去就是了。除此之外，你还能做什么？这句话到底是什么道理？后面就讲了。

"天之道，损有余而补不足；人之道则不然，损不足以奉有余。"这两句话，就是造成今天 M 型社会的根本原因。老子告诉我们，自然规律是你有多余的，我就让你损一点；他不足的，我就暗中补给他一点。水也是这样，满了它一定会流出来；不够的，它就会补充进去。老天只做一件很自然的事情，就是你不足的，它就补你一点；你太多，它就拿走一点。这样各位才知道，富不过三代是个根本的道理。

可是人呢？人偏偏自以为聪明，"损不足以奉有余"。我们都是苛待那些贫穷的人，然后去巴结富有的人。我们所做的事情是不是这样？穷的人越穷，因为社会不补贴他；富有的人越富，那就叫M型社会。我每次都大声疾呼，M型社会是人类的耻辱，但是经济学家说，这是经济发展的结果。讲了半天，我都不知道他在讲什么东西。你要去追究为什么富人那么有钱，他凭什么那么有钱，是不是剥削了谁……但是对于那些高收入的人，我们也不必嫉妒，不必羡慕，只要他们肯主动拿一些钱出来做公益，照顾他们的属下就好了。

人做事要去想天之道，这样一来就化解了很多矛盾。四个字，叫作"体天行道"。我们用"体"，不用"替"，因为没有一个人有资格替老天来行道。体天行道不是替天行道。我们体天行道，才能够把有余供给不足的人。得道高人，化育万物而不自恃其能。他们总是说"我没做什么"，有事他就来，功成他就走了，才保得住他的身。凡是功成不走的，最后一定被杀。成就万物而不自居其功，无私欲，不想表现自己，这个最难。

《道德经》第八十一章说："天之道，利而不害；圣人之道，为而不争。"天有什么？天就是只利众生，不会害任何人。我们常常讲利害是不能分的，唯一例外就是天。你说天也会有天灾，这就是我们要讨论的。我们今天还说大自然的反扑，这是没有良心的话。大自然不会反扑，大自然只是很辛苦、很挣扎地想要恢复自然的规律，可是它被人搞得焦头烂额，因为现在的人越来越变本加厉，不计后果。"圣人之道，为而不争"，圣人只做该做的事情,他不居功,不跟任何人争,因为他知道争是毫无所得的,就算有所得也是很短暂的,而且是表面的,后面那个反弹的力道更大,可能有势的时候保得住,一旦失势很快就保不住了。

天之道,在生养万物方面是自然的,无为的,它无意利于万物,也无意害任何东西。所以,《道德经》第五十六章讲了这几句话:"故不可得而亲,不可得而疏;不可得而利,不可得而害;不可得而贵,不可得而贱。故为天下贵。"这是最宝贵的一种表现。它没有亲疏的分别,没有贵贱的不同,因此真正的可贵在于永远不可能被疏、被害、被贱。我们所有的病痛、苦恼、忧伤,通通因为身体而来。但是,下面这句话非常重要,如果连身体也没有的话,什么好事也做不了,既不能为,也不能无为。从这一点可以看出来,老子最后还是告诉我们,要珍惜自己的身体,才能够做事。

二

虚掉心中的执念

　　《道德经》第十六章说:"万物并作,吾以观复。"一般人只看到万物的发展很乱,而且不一样,各有各的道路;但是修道的人,直接就观照到它的根本是什么。"复"就是回到源头,完全一样,没有区别。从这里,我们要听出一句非常重要的话,人生最要紧的不是结果,而是过程。因为结果最后是没有两样的,无非一副棺材就解决了。再好的出殡仪式过去了就没有了,有钱人也不能天天出殡。千万记住,我们这辈子是来享受过程的,而不是来计较结果的。这是最重要的一点。如果能够再加上一点那就差不多全了,我们这辈子,就是要乐于去享受我们自己所安排的每一个过程。这就是大道至简,一句话就讲清楚了,其他都是多余的,都是来补充说明的。

　　我们抬头看看天,合而不分。全球一体化是没有错的,因为天没有分。难道这是亚洲的天,那是欧洲的天?不是。天没有界限。低头看地，各有分界，分而难合，终究要合，虽然过程非常困难。大家一定要好好去听这句话，分分合合是自然的规律，但是不要随便分，因为分容易，合比较难。

《道德经》第十六章接着说："夫物芸芸，各复归其根。"表面上看起来，万物都是蓬勃发展的，但是最后通通枯落，各自复返于根，由根再生，才能够生生不已，这个没有两样。比如，树到了冬天就开始落叶，我们把它叫作落叶归根。很多人常年寄居海外，年老了都很想回故乡来，也叫落叶归根。树木顺乎自然，所以它要归根就归根了。但是人呢？因为人往往违反自然，所以去了以后想要归根都归不得。有的人年老了，准备回故乡，可是家乡这边却有医疗问题、房价问题，再一打听，原来的老朋友都走了，那他回来干什么？在外面孤零零，回来还是孤零零，那就算了吧。这是很无奈的。

生命来自自然，又回归自然。但是，人不能等到死后才回馈社会。人必须修德，以求不断地新生。这个新不是现在所讲的新旧。东西一定要新才好吗？方法一定要新的才好吗？不一定。品德日新又新，一天比一天好，那才是真正的日新又新，不要搞错了。

我必须说清楚，我们的经典多半是讲品性方面的东西。但《道德经》很特别，它完全是在讲政治，你从《道德经》当中可以体会到很多政治的道理。

"致虚极，守静笃"，意思是说，你要虚掉心中的执着，以免为私欲所蒙蔽。各位听清楚，人在没有什么权力、位子不高的时候，私欲很少。随着你的影响力慢慢增大，私欲就开始作怪了。衣服上面非要搞个标志，这里怎么样，那里怎么样，那是老天在暗示你，又在乱搞花样了。除此之外，老天没有办法，其他事情也没有办法做，这时候也没有人敢讲你。人的悲哀就是到有一天，没有人敢讲你的时候，你就真的叫孤、寡、不穀了，那不是称呼，而是真的孤、寡、不穀。

"虚"不容易，所以说要损之又损。人不可能没有欲望，因此要慢慢来减少，不要要求自己太多，否则一下虚到身体都受不了，那就糟糕了。随着年龄慢慢增加，这是最积极的方法。现在的小孩子需求很高，这一辈子注定是很命苦的。像我们那个年代，其实是很好修道的。一直到我读大学的时候，我们家都还没有电视机，我考大学放榜都是靠收音机广播，听好久才知道自己被录取了，我们是从那个年代过来的。有一件事情，我也感觉到很遗憾，就是不管科技怎么进步，我们的内容始终没有与时俱进，这是非常糟糕的事情。我没有反对任何事情，只希望内容要跟着时代来进步，否则科技进步就是空的，是没有作用的。我们现在都是科技在进步，但是内容还是老一套，没有与时俱进。

要做到"极"是高度困难的。你一辈子去努力，慢慢把它虚掉，慢慢把它放掉，不要执着。现在我们是年龄越小越执着，年龄越大越执着，中间是不知道怎么执着，所以叫作全民皆执着。这是个全民执着的年代，是非常痛苦的，其实没有必要。很多人都曾问过我，我的人生观、价值观是什么，我说就四个字"听天由命"。有些人说你太客气了，我说我为什么客气，只是大家听不懂什么叫听天由命。请问大家：天底下谁最高明？天！天是最高明的。你不听它的，你听谁的？听你自己的？那绝对死了。听别人的？一定被害死。问题是我们现在没有办法直接去听到天，这才是我们要努力的。命运是我们自己安排的，现在自己破坏掉,那不糟糕了?我们有太多人扭曲、误解了老祖宗讲的话,其实老祖宗已经讲得够清楚了。

私欲容易蒙蔽你的头脑。本来你很清楚,被私欲一蒙蔽就昏了;本来你的判断力很敏锐,被私欲一蒙蔽就糊涂了。我们要去掉欲念的烦恼,不然的话就会观物不得其正。这个"正"是大家经常讲的,只不过什么叫正,这个问题大家真的应该去想一想。老子讲得非常清楚,我们一定要把它说透彻,否则你光知道正,而不知道什么叫正,怎么去正,那就糟糕了。

老子的方法论在这里。《道德经》第二十五章讲:"人法地,地法天,天法道,道法自然。"老子的话是有次序的,他没有说人法天,也没有说人法道,更没有说人法自然,都没有。各位请听清楚,人的第一步要法地,就是要接地气。法就是不违的意思,就是效法、取法。人必须先不违反地。不违反地的什么?安静,**谦卑**。地是非常安静的,它很谦卑,你要挖就挖,你要把排泄物灌到地里就灌,你要把有毒的东西倒进地里就倒,反正迟早有人会找你,地不会找你。地的这种修养很难。所以我们为什么喜欢歌颂母亲如大地一般,就是说母亲有地的修养。一个人如果能以谦虚不争的坤道,不违反天道,就可以生生不息。

人为什么只能法地?因为人跟地是最接近的,如果你连地都搞不清楚的话,怎么去了解天呢?天是很遥远的,地是跟人天天接触的,你天天踩着它,天天摸着它,没有一天离开它。所以我们应该好好去体会一下,地到底是怎么一回事。地的第一个特性是什么?广大包容。你喜欢它,它是这个样子;你不喜欢它,它还是这样子。它该高就高,该低就低,该平就平,该险就险。如果没有地形的变化,人类也活不了。假设只有一片平地,那气候整个都改变了，正是因为有了高山，季风来的时候才能阻住云彩，才会下雨，我们才有不同的天气跟气候变化，所以我们要感谢地。

人生离不开气。我相信大家经常听到一个词，叫作"先天一炁"，但是那个先天的炁跟后天的气不一样。后天的气是空气的"气"，先天的炁是上面一个"无"，下面一个四点底，那才叫炁。胎儿在妈妈肚子里面的时候，是吸不到外面的气的，那他怎么能活呢？就是靠脐带通到妈妈里面的气，他从那里边把炁吸进去。婴儿一生出来，脐带一剪断，糟糕了，先天炁绝了，那他很自然地就会急着要吸收后天的气，但是他在妈妈肚子里十个月，从来没有呼吸过，所以就有点紧张，憋不住就开始"哇哇哇"。可见，婴儿的哭不是哭，而是练习呼吸。大家不要搞错了，觉得婴儿怎么一出生就哭呢。他不哭就不会呼吸，这样搞半天，然后才慢慢顺下来。

后天的呼吸也是要学习的，不是那么容易的。人一生下来，要从呼吸开始学习，所以我们就把第一个告诉我们宇宙真理的人，叫作伏羲。伏羲就如同人类的呼吸一样重要，这是我们后人给他的名字。然后我们再想到夫妻，也是跟呼吸一样的。这三个词读音类似，伏羲、夫妻、呼吸，道理都一样，都是人生的根本。一口气上不来，就回去了。就算你有再大的勇气，有再多的学问，有再多的财富，都没有用。

我们顺着天气的变化，调整衣着饮食，感应地气的正邪，这很重要。我们要先练习感应地气的正邪，要感应得出来，做好生命的环保，运行自己的运气，保持良好的精神。虽然就这短短几句话，但是已经把道家的养生基础讲得很清楚了。人生就是一口气的运行而已，气是你自己在运，运得好就叫作运气好；运得不好，就是运气不好，不都是你自己在做吗？怪别人干什么？你把自己那口气好好运，该快要快，该慢要慢，该忍要忍，该吐要吐。忍一时，有时候就可以减少后面很多的麻烦，为什么这口气忍不下来呢？大仁大勇的人，是能够忍那一口气的。

三

圣人为腹不为目

《道德经》第十二章写得很精彩:"五色令人目盲,五音令人耳聋,五味令人口爽,驰骋畋猎令人心发狂。难得之货令人行妨。是以圣人为腹不为目,故去彼取此。"尤其现代人,应该好好看一看。

"五色令人目盲"是说各种颜色使你的眼睛盲掉吗?不是。老子说目盲,就是眼睛虽然存在,但是眼花缭乱,看不清楚,好像瞎了一样。老子告诉我们,真正的盲人还不用担心,因为有人会同情,有人会帮助,他们自己练习也可以做一部分工作。我们最怕的是什么?是张开眼睛的"盲人"。社会上这种人非常多,去眼科医生那里检查,他的眼睛都很正常,但是跟"盲人"一样,我们最怕这种人。那是怎么来的?就是眼花缭乱了。

现在的演唱会很多都是这样,因为歌手唱得不好,所以就用一些乱七八糟的东西,把观众的注意力都吸引到那里去,搞得天翻地覆，听完回来后却不知道他在唱什么。你出钱买票，还要拿根荧光棒跟着在那里晃，你是在干什么？但是现代人很奇怪，都是随便让人糟蹋，然后还说自己是最会欣赏的人。连评委说谁唱得好，都要表演一样地做出来给人看，为什么？要吸引摄影机。欣赏是人一定要处于很平静的状态，才能领略其中的意境。现在不是，现在哪有什么意境？看场球赛能踩死几百个人，还不如不看；听演唱会要搞得像什么一样，我不晓得是在干什么。现代人就是没有读这一章，所以根本无法欣赏。

"五音令人耳聋"，老了说的也不是真的耳朵聋，而是震耳欲聋的意思。搞个演唱会，把声音弄得很大，大到演唱的人可以不唱，关掉麦克风，后面放音乐，反正观众也听不到他唱。演得好能骗别人，也能骗自己。读完这一章你就知道，完全是莫名其妙。

"五味令人口爽"，味道过分浓、过分杂，搞到最后最严重的是什么？叫作失味症，就是吃东西都没有味道。人家听完这个以后，大概不敢讲"真爽"了吧？"爽"是失信的意思，结果现在很多人都说"很爽"，好像很舒服一样，真是很奇怪的误用。我们知道，叶公超是近代非常有名的人，他讲英语讲得非常好，连外国人都佩服。但是他很痛苦，因为失味症。山珍海味他都吃不出味道来，再好的食物对他来说也是一样的。一个人的感官被过分刺激以后，有一天是会罢工的。你不珍惜我，我就给你难看。

"驰骋畋猎令人心发狂。"这个在今天怎么解释？就是向你体力的极限挑战。有种游戏，我相信大家都很熟悉，去了以后，用绳子绑住你的一只脚，然后从上面跳下来，倒头栽，看摔得死不。我不知道你在跟谁过不去！我们常讲不怕一万，只怕万一，反正这两句话你怎么扯都对。如果刚好你跳的时候绳子断了，别人的都不断，就你的断了，那你还有什么好神气的？去坐非常刺激的过山车，坐到最后呕吐、心脏病突发，然后宣告不治，你是在干吗？

"难得之货令人行妨。""妨"就是妨碍，妨碍你正常的行为。一看到奇珍异宝，你就开始行为都不端正了，没有钱买你就抢，放在博物馆里你就偷。多少东西都是从博物馆偷出去的，那是要花很多心力才能去偷的，因为博物馆都是一层一层的警戒，没有那么容易偷到。但是大家有没有发现，越是警戒得严密，盗贼越有兴趣去偷，天底下的事情就是这样的。你的行为本来不会受到妨碍，就是因为看到这些难得的稀世珍宝、无价之货，然后你整个人就动摇了，那怪谁呢？

"是以圣人为腹不为目，故去彼取此。"所以，圣人只要求顾肚子，眼睛不要东张西望。你看那么多干什么？眼不见为净。当然，你说看看就好，这是你的修养。知己知彼，你才知道怎么能在这个世界上去和自己相处好，这是非常重要的。

四

修内杜外

　　道家的修炼只有四个字,叫作"修内杜外"。把外面的引诱堵住,让它不要不断入侵,然后才能够虚静,去养你内部的静笃跟不争。大家有没有发现,你一起心动念,全身就紧张了,细胞不知道死了多少个,结果什么都没有得到,却已经浪费了很多精力,白费功夫。若是你能够不动心就很好。

　　有没有这样的案例?很多。现在有些道士、尼姑、牧师,会去研究所读书,这是很平常的事情,我们也不反对,做学问很好。大学里面有尼姑来读书,人家看电视,她也跟着看得津津有味。旁边同学说:"你不是尼姑吗?"她说:"是尼姑又怎么样?""那你怎么看电视呢?""看电视又怎么样?""你这样六根不清净啊。"她说:"我没有看电视。我哪有看电视?""你还撒谎!那又多了一条罪。"她说:"我哪有撒谎?你们根本看不懂我,我根本没有看电视。""你没有看电视,那在看什么?""我在看你们在看什么，原来你们在看这个，我不动心，什么都没有看。"

人可以不动心。看热闹不动心，否则就会受它牵连，那你自己什么都没有得到，结果花费很多，又是干什么呢？人是这样，耗损的补不回来，就越老越快；耗损的补得过多，就越来越惨。这就是我们经常讲的损益平衡表。公司的损益平衡表还要很多人控制，而人生的损益平衡表却只能靠你自己，所以很简单。中午吃多了，晚上自动减餐，少吃一点，这个你自己可以做得到，为什么还要怪别人？这一两天睡得不够，找一个周末，好好睡，你为什么不做？为什么天天抱怨而没有动作？那你怪谁？

但是我们也要了解，杜外不是叫你杜绝，因为杜绝不了。我们现在所有的问题，其实跟《道德经》都有非常密切的关系。现代人就是脚还没有站稳，就想通天。我们的毛病用两句话就可以概括。第一句是"能动不能静"。比如坐地铁，所有的年轻人都在看手机。你耗多少神哪，眼睛怎么保得住？脑袋还有时间想想别的东西吗？没有。现在全部是这个样子。第二句是"知变不知常"。这个"常"很重要，很难得，因为常很难懂。恒常和非常要分清楚，我们讲来讲去，都是讲非常的东西，很少能够讲到恒常的东西，因为我们讲的都是相对的东西，很难讲到绝对的东西。绝对的东西是存在的，只是我们很难碰到，很难抓得出来。因为我们只有一张嘴巴，在同一个时间内，没有办法讲到道的多面性。

现在大家拿手机传简讯，是断章取义。这一点各位一定要小心。以前我们写文章还有一个段落划分，你看完整才知道前言后语，当中有什么发展，它到底在讲什么。现在却是这边一句，那边一句，都很短，都是片面的道理，断章取义。

《道德经》第十六章就讲："不知常，妄作凶。"其实整个西方文化的缺点就在这里，他们只知道contingency（偶然性），完全忽略了constancy（必然性）。变动的部分他们很注意，不变的部分他们认为不重要，这是非常糟糕的事情。一个人不知常的话，所做的都是妄为，都是违反自然法则的，最后一定是凶。

这也告诉我们，我们一定要了解地气，了解当地的风俗人情。当地为什么有这样的文化底蕴，它是有来源的，不是随便可以嫁接的。大家慢慢可以了解到，现在的乱源，就是因为我们把所有的东西都搞乱了，结果自己害自己。以水果为例，水果最好是在成熟的时候采摘，但是水果成熟以后保存的时间非常短，如果运不出去就烂掉了，所以现在都是还没有成熟，就把它们摘掉运出去卖。大家都很清楚，植物为了保护自己，在果实成熟以前是有毒的，就是防止动物和人在它还没有成熟的时候去吃。它熟了欢迎你去吃它，因为你不吃它，它没有办法延续。可是当它没有成熟你就吃它的时候，它也没有办法延续，所以这是植物保护自己的一种本能。现在它没有成熟我们就把它剪下来，封起来，然后不知道路上运多久，那个东西你敢吃吗？可是没办法，现在都是这样，那你怎么办？都是人自作聪明搞出来的，能怪谁？

第五章

上善若水

一

道以冲虚为用

《道德经》第四章:"道冲,而用之或不盈。""道冲"这两个字是非常重要的,因为所有的东西用现在的话来讲就是四个字,叫作"黑箱作业"。黑箱作业好不好我不知道,我只能告诉你,我们每一个人,都是黑箱作业的结果。胎儿孕育在妈妈的肚子里面,都是黑箱作业。你敢透明化吗?一透明化就糟糕了,很多胎儿就被堕掉了。

科技再发达,就算卫星都布满了全球,但是飞机不让你照到,你就照不到,你有办法吗?一切透明化其实是骗人的,那不可能,因为如果把那个过程公开化了,就没有结果了。一开始就透明化,没有一件事情是会有结果的,大家一定要非常清楚地去了解。

"道冲",如果本体化来讲,就是道的作用只有一个"冲"字而已。所有的东西都是冲出来的,现代人都在做。我们用调酒器来调酒,那就叫道冲。你有没有发现,所有的东西都是两种以上的元素产生各种化学变化,冲来冲去,就产生新的花样了。

"而用之或不盈。"你怎么用,它都不会盈满。经常有新产品问世,那都是冲出来的。所以大家就了解为什么我们的老祖宗都讲冲茶,冲一杯茶喝。现代人不是,现代人总说泡一杯茶来,泡出来的茶都不好喝。冲的作用是很高明的。道以冲虚为用,虚其气才不盈。调酒器里面是空的,才可以调出各式各样的东西,如果里面是满的,就装不了新的,一旦装不了新的,就不可能产生新的产品。所以大家慢慢去体会虚空的妙用,中华文化就是从这里来的。

前面已经说过,我们不能用任何东西来代表中华文化,我们也不允许有任何东西来代表中华文化,这就叫作冲跟虚。所以我们的文化永远是活的,永远在改变,但是变了好像没有变一样,因为它有经。所谓经典,就是抓住根本原则,然后一直变,一直变。任何文化只要有一个代表性的东西,它就变成固定的,就僵化了,最后就会死亡。中华文化就是一无所有,也什么都有。因为什么都没有,所以什么都有。

我们搞了五千年,没有一套自己的衣服。有人就觉得我们好惨。其实一点不惨,因为我们可以穿所有的衣服,我们不受限制。日本人一定要穿和服,就完了;西方人一定要穿西装,也完了。我们是喜欢穿什么就穿什么,因为我们对一切有形的、看得见的都不在乎。我们只在乎你的脑筋是不是中国人的脑筋,其他的都不管。各位有没有发现,我们只抓住那个看不见的部分,不在乎看得见的部分怎么变,所以叫"万变不离其宗"。像这些话,你这样来了解,就非常清楚了。

《道德经》第四章,老子接着说:"渊兮,似万物之宗。"水很深很广，里面就会产生万物。你看，水如果很深，里面的生物就非常多；如果很浅，它养活的东西就比较少。水又深又广，是很多物种的源头，这个我们已经知道了，自然科学也已经有很好的证明。

"湛兮，似或存。""湛"是隐没，根本就看不见，好像不澄清的样子，可是又有好多东西在里面。我们拿人怀孕来讲，刚刚怀孕的时候，好像有，又好像没有，不清楚。老子很喜欢用"似"，很喜欢用"或"，就表示没有办法讲得很明确，隐隐约约的。为什么？因为它还会变化，一切都是从变化当中自然孕育而成的。它自自然然，没有什么在主宰，不是科学完全可以安排的。

"吾不知谁之子，象帝之先。"我不知道这个道到底是从哪里来的。道从哪里来？答案是，象帝之先。什么叫作"象"？所有有形的东西，一开始都叫作象。什么叫帝？这非常重要。帝是万物的根源，所以要讲帝不是那么简单的，意思就是说，还在所有这些关键的东西前面，这个叫作"先天"。老子告诉我们，道是先天地而生的，没有天地就有道，道把天地生出来，然后才生万物。天地就用阴阳来代表，本来是混而为一的，后来经过盘古开天才一分为二，天地定位然后万物生焉。

渊是深不可测的，但它是万物的源头，好像是存在的，但是你怎么看它都是虚的。老子提醒我们，道先天地而生，叫作"象帝之先"。所以不要再问道从哪里来，再问他就不回答了。老子假设道就是宇宙最初的共同根源。到今天为止，全世界都在找宇宙万物最初的共同根源是什么，叫作本体论。但是谁都找不到。老子才不管你们科学不科学。他就假定它是道，到今天没有人能超越他，反而是第一名了。一个不想得第一名的人，他就得到第一名；一个想得到第一名的人，人家就不让你得第一名。这就叫道。

二

向水学习好修道

《道德经》第八章:"上善若水。水善利万物而不争。""上善若水",为什么?因为"水善利万物而不争"。水,你想要它就给你,也不会跟你收费。它从来只有供应,不求报酬。它不跟任何东西争名争利。

我们都知道阳光、空气和水这三样东西,其实都是同等重要的,因为只要有一样你得不到,恐怕你就很难存活,可是老子只讲"上善若水",为什么?可见,他并不是在讲什么对我们最重要,而是在说,如果修道的人要找一个学习的榜样,他就推荐水。因为最能够接地气的就是水。上善若水不是说水最重要,空气和阳光也非常重要,只是我们不太容易去了解它们,但是水我们非常了解。再讲得深刻一点,其实我们最像水。我们说,向水学习好修道,这句话真正的意思就是说,修道的人要把水作为学习的对象。

"处众人之所恶，故几于道。""处众人之所恶"，就是大家都很不喜欢去的，很脏的地方，很低的地方，很偏僻的地方，水都去，所以水就接近道了。水是最近乎道的，但是它还不是道。水和天地一样，并无心于万物，因此水没有善或者不善。为什么叫上善呢？是因为人有感于水的这种伟大，所以把它叫作善。水有七种很好的品德，这是我们要特别去了解的，是很重要的。如果朝着这七个方面去修炼的话，我们的品德修养很快就会提高。

第一，"居善地"。"居善地"不要解释成水很会选择好的地方去，它从来不选择。水只有一个原则——往低处流，没有其他选择。你说那边很脏，它不说话，过去了；你说那边很急，很危险，它也不说话，也去了；你说那个地方下去是万丈悬崖，它不在乎，还是去了。水不选择，所以我们选好地理才去买地，选好风水才去居住，恐怕也没有必要，因为水所到之处都是善地。

如果没有水，这个土地就没有用；有了水，它很快就改善了，慢慢就变成可以用的了。大家要记住，福人居福地，你自己行得正，你的福气够，你不怕邪，住哪里都是福地。一块地再好，你自己不行，住进去把那块地都败坏掉了。但是很少有人敢这样做，因为德行不够。所以我们要两样兼顾，一方面选善地，另一方面要修养品德，把自己的福气发出来。我们讲福人居福地，又讲福地福人居，就是两边兼顾。就算这是风水宝地，你不够那个福，住进去也是没有用的，福气发不出来。你一搬家，别人住进来就发了，你在的时候就是不发。为什么不发？就是你还在这里！这是非常重要的事情。完全依赖外界的东西是很危险的，完全靠自己也是做不到的，所以我们要内外兼修。

第二,"心善渊"。你的心地很深很广,蕴含着无限的生机。渊像谷一样宽广,要够深,水源是活的,里面才会生机无穷,那就是道冲,会不断地产生新的东西。深渊沉静,但是生机无穷,所以圣人无欲无为,只需要安安静静地发挥自己的功能。什么功能?对人类来讲叫教化,对天地来讲叫生机。

第三,"与善仁"。"与"就是给,水给人家的时候,完全是出乎一种仁爱,甚至是仁慈,它没有选择。你要喝水,水就给你喝。水没有说,好人就给他喝,坏人就不给他喝。它是好人要喝,乐得给好人喝;坏人要喝,也照样乐得给坏人喝。这样,各位才知道为什么圣人不分好人坏人。水给你吃,吃到最后坏人也变好人,这才叫作水。只要想要,能要,水就供应。

《道德经》第七十九章给了我们一个很有趣的提示,叫作"天道无亲,常与善人"。天本身没有善与不善,是人感觉老天好像都在照顾老实人,这是人的体会,不是老天有那个意思。你是老实人,老天照顾你,没有这回事。天道没有可亲可疏的区别,但是从我们人的长期观察来看,天道常与善人。

水好像也是这样,而且物理学已经证明得很清楚了。水跟好人在一起的时候,会散发出一种更好的物质来帮助他。这个案例大家非常熟悉,就是说一杯水,我说这个水很好,喝下去的话会带给我清凉,会洗涤我的内脏,它就有这个功效;你如果说这个水不知道干净不干净,里面有没有被下毒,那就糟糕了,你喝下去就是不行,不是拉肚子就是感觉味道很不好。这是什么道理?就是一切都是人的心在做主。所以,心念是可以控制的,不要老是想东想西,出歪点子,动歪脑筋。一个人正心正念,就叫作善人。

《道德经》第八十一章说:"圣人不积,既以为人,己愈有;既以与人,己愈多。"圣人不储蓄,也不需要积蓄。当一个人越给别人,存有的越丰富,越让别人分享,取得的越多的时候,就已经有了相当的功能。大家要好好从这方面去想。当然了,我们没有办法要求每个人都做到这样,但是最起码你要有那个理想,要朝那个方向去修炼。我们这一辈子要做的事情其实只有一件,就是利用有限的寿命,把能量修大。

第四,"言善信"。水从来不说话,但它是真诚不假、可信任的。水一定有源头,一定有流向,都是真的假不了。水真的有流向吗?当然,水就是从高的地方向低的地方流,它不会改的。你说不对,你看到有一个水是往上面流的。我告诉你,那是你眼睛的视差造成的,不是真的。水只会往下流,不能往上流。你好好去想想,它是非常有信用的,说不倒流就是不倒流,它只许进,不会退的,该来的时候它就来,该断流的时候它就断流。为什么?因为上面的源头每年都差不多。水快流光了,我们就知道水源缺了,除非下雨,否则的话今年要缺水,它预先告诉你。就像天从来不说话,那你怎么知道天意呢?它用象来告诉你,所以你要会观象,就知道天意。水会怎么样?它用声音来告诉你。如果下面是很平静的,水就没有声音;如果下面是急滩,有阻碍,石头很多,水就有声音。水越难走的那一段,声音越大;越好走的那一段,越平静。

我们跟水一模一样。当我们得到好处的时候,都静悄悄的,没有人会出声;但是如果受一点点委屈,就开始鬼叫。老子说:"多言数穷,不如守中。"在儒家,这个念"中",在道家就念"冲"。你问半天大家口渴不口渴,不如多冲几杯茶来喝,对不对？还需要老问吗？不要问人家，你喝不喝酒，你倒上就好了。我又不知道是不是好酒，好酒当然要喝。所以我们不太讲话，就是这样子，有什么好讲的呢？

"希言自然"，"希"就是稀少，自然很少讲话。这种倒装句在《道德经》里面经常出现。老子告诉我们，自然是很少开口的，它会透过鸟鸣狗叫来提醒你。它会传达很多信息给你，是你自己不接收，那没有办法。

"知者不言，言者不知"，千万不要解释成知道了装成不知道，故意不讲，不知道的偏偏讲。老子是告诉你，知者之所以不言，是因为他怕你心中有欲，进而把你的知识变成成见，说出不实在的话。比如同样一个意见，你对张三讲是一套，对李四讲又是一套。我们很少真真实实地把自己的知跟人家分享，因为一旦变成话以后，就加上了自己的企图，所以我们很少讲实在话，都有自己特别的用意。

再从深一层讲，就是说知的人知道，道是不可言的，自己说了半天，不如让他人自己去体会。我讲一个比较具体的例子，如果有人问你，那部电影好不好看，你怎么回答？你说不好看，他就感觉很奇怪，是不是你不想让我看才故意说不好看的，你自己看过了就不让我去看了；你说好看，他就很开心地去看，可是看过就很失望，明明没什么，怎么还说好看，这个人欣赏水准太差。可见，你怎么说都挨骂，如果是问我，我就回答"你自己去看"。这样人家就知道你的原则在那里，不是随便乱讲的。

第五，"正善治"。大家有没有发现，两千年前的人就知道，看一个地方平不平，就用水。挖一个槽，然后倒水下去，水如果不会从这头流到那头，就表示它平了，所以我们现在叫水平。用水来看这个平面到底平不平，水流动，你就知道两边高低不同；水在哪里是持平的，你就知道这个地方做得很平。

第六，"事善能"。水具有多方面的功能。大家看到同一条河，上面有人在洗衣服，下面有人在洗菜，会不会觉得太可怕了？其实并不可怕。因为水是流动的，它会自己清洗，自己澄清，自己排毒，自己做很多化学的处理。所以你不必操心，只要经过一段的流动，它就会自己净化了。这些就是道赋予它的功能，也叫特性。所有物质各有它不同的特性，对人类来讲就叫个别差异。水有水的性，太阳有太阳的性，风有风的性，各不相同。

第七，"动善时"。水什么时候动，跟时有关系。水动是顺时，不失其时。夏天的水通常特别多，为什么？因为多半是山上的雪融掉，然后水慢慢流下来。有些地方是终年结冰的，然后慢慢融，那就叫细水长流。所以有山就有水，山有多高，水就有多高。否则那么高的山怎么能长出树呢？自然一定给它配得好好的，当然，人现在还很难做到。比如有时候楼盖得太高，水就上不去。你说用电把水抽上去，可是万一停电呢？那就缺水了。但是山不用电，山多高，水源自然就到多高。

老子说上善若水，水不与人争，没有怨尤，真正爱人，诚实守信，让百姓安乐的治，为社会服务的能，动静合宜的时，都是我们应当学习的品德。我们如果真的能读懂老子的意思，就应该在这些方面下功夫，尽量避免争名夺利、多欲爱知，相信对于品德修养的提高，会有很大帮助。

三

观水习治国

老子告诉我们，水向下流，善居低下之地。这个"下"是最厉害的，一般人最看不起"下"，但是它最厉害。《道德经》第六十一章写的这一段，现在国际都在用："大邦者下流，天下之交，天下之牝也。"这段话是说，作为一个大的国家要明白，江海没有做别的工作，它只是让自己处得很低下，然后所有的河水都流到它那里去。如果你是大国，能够处于低下的地位，全世界其他的国家都会到你这里来交汇。

"故大邦以下小邦，则取小邦；小邦以下大邦，则取大邦。"这句话的意思是说，大国如果善待小国，小国就会来拥护你，在联合国里面投票，你的票数就多。小国去找一个可以依附的大国，你依附它，它就照顾你，就等于取了大国，得到了大国的好处。老子看得很清楚，大国为什么跟小国交好？就是想得到小国的支持。小国为什么跟大国交好？就是想得到大国的庇护。如此而已，不然又怎么样呢？所以，不管是小国还是大国，都要学会"下"，一旦居于高峰，居于上位，就得不到任何好处。

但是老子的结论很有意思，他说"大者宜为下"，为什么？既然大国小国都要下，为什么老子特别讲"大者宜为下"，这是什么道理？我们从这里可以看出老子观察事情的细微、深入，而且是古今都可以用，不会因为时间而褪色的。原因就是小国非下不可，否则就生存不了，而大国往往不会下，大国会觉得自己这么大，还下什么？所以老子才提醒大国要下，这样小国才会拥护，除此之外没有什么别的略可走。用这几句话就讲清楚了。

国家与国家之间一定要搞清楚，真正的利害关系在哪里。凡是上的，最后都维持不了。美国为什么那么辛苦？其实它不用那么辛苦，以它的资源，以它的科技，以它的种种条件，它可以过很好的日子。之所以到处去当世界警察，到处去花钱，就是因为它要下才能取小国，它讲话人家才会一呼百应，在国际上讲话才有它的作用，否则谁还理它。国际现实就是这个样子。

我们再看，水常常保持平正、自然的流动。《道德经》第五十七章说："以正治国，以奇用兵，以无事取天下。"老子说，要治国，就要用正派的观念来治；要用兵，就要出奇兵。但是其实老子是反对这些事情的，因为几千年来已经证明，这些到最后都没有用。他告诉我们，还是以无事取天下比较有效。老子对无事、无为、无欲，研究得非常独到。

怎样以无事取天下呢？"故圣人云：'我无为，而民自化；我好静，而民自正；我无事，而民自富；我无欲，而民自朴。'"老子把方法都说出来了。我的所作所为都是顺着自然，没有一点点的私心在里面，老百姓迟早会感觉出来，他们就会主动地来参考我、配合我，就会做得好好的。

我讲一句话，作为人，只要没有各种阻碍跟我们搞七搞八，我们自己都会好好动脑筋去赚钱。我们别的事情不会，动脑筋自己去赚钱谁都会，不用教的。"我好静，而民自正；我无事，而民自富。"你东干预他一下，西误导他一下，搞得乱七八糟。"我无欲"并不是说我没有欲念。老子所讲的欲，是本能欲望之外的东西，你可以自我保留，但不要彰显出来。尤其是当老板的，不可以说你喜欢什么，不喜欢什么。你喜欢下象棋，完了，下面的人拼命练象棋，就想跟你下象棋。因为他们知道凭下象棋，就可以得到你的欢心，就可以讨好你。这种案例太多了。

水的进退，不失其时。依天时而动，所以做事能获得良好的效果。水来了，我们看看这是什么天时，就知道水会涨到什么地步。如果不是这个天时，而水居然涨到这个地步，就要提高警觉了。这个时候水应该满了，却突然下去了，也要提高警觉。自然就是用这种方法，显示给你看。

《道德经》第二十九章讲得非常有意思："将欲取天下而为之，吾见其不得已。"老子认为一个人要当大任，都是老天安排的。这叫作"大位天定"。其实诸子百家有一个共识，就是你不要去抢那个位置，因为是抢不到的，该是你的，再没有希望最后也是你的；不该是你的，再气势高昂，最后也不是你的。这一点历史已经充分证明了。一个人要得天下而治之，那是不得已的，不是靠自己的能力、机会能够实现的，而是老天指派的。"天下神器，不可为也。"在那个位置的人是不能做任何事情的，唯一能做的就是"唯道是从"，没有别的选择。"不可执也"，不可以执着于那个位置不放。"为者败之，执者失之。"你想做，老天就不让你做；你想抓住，老天就叫你松手。有为一定败乱天下，固执一定失掉天下。

所以，圣人治理天下，顺人情，依形势，自然无为而治。用这三句话就讲清楚了。人不可能不顺人情。大家都可以看出来，我们处理任何事情，人情味永远是摆在前面的。我们大多不是很理性的，不是就理来判断。我们讲别人的事情还比较理性，一旦牵扯到自己，牵扯到自己的家人、朋友、同事的时候，理性马上摆到一边去了。所以我们不要相信什么同理心，我们不是同理心，我们是从同情心里找出这个理来，叫作"情理"。我们很少讲法理，讲到法理的时候就是翻脸了。各位可以去看，这样的例子很多。

我想请问各位，人类社会的四大弊端是什么？老子说，一个叫作名，一个叫作利，一个叫作欲，一个叫作知。《道德经》第三章说得一清二楚："不尚贤，使民不争；不贵难得之货，使民不为盗；不见可欲，使民心不乱。"只要说尊尚贤人、用人唯才，老子说你就要小心了，因为一旦标榜这些东西，人家就会朝这个方向去努力，然后就造成很多虚名。

记住一句话，就是只要你相信什么，我就用你相信的东西来骗你。只要居于上位的人崇尚任何东西，有具体的目标，让全民都看到，那就变成全民竞争的对象。只要你看重那些难得之货、稀世珍宝，盗贼就多起来。老子为什么特别指出这些稀世珍宝？他并不是反对这些事情，只是告诉我们，你有钱要好好运用，如果把钱拿来变成珠宝放在家里，就不能用了，那等于没有这个钱，哪一天被偷掉了，就什么都没有了。所以，居上位的人不表现出喜欢什么，民心就不会乱。

举个例子，现在的年轻人一窝蜂要打高尔夫球，就是因为一句话而已：打高尔夫球才能够跟高阶的人士接触，能得到市场情

第五章　上善若水·175

报。我不相信这些事情，我认识一位朋友，他的生意做得很大。他亲自跟我讲了一些话，各位可以参考。他说他早年吃喝嫖赌没有办法，为了做生意。所以太太跟他吵架，他都理直气壮地跟她讲，他在做生意。后来就因为交际应酬，他女儿过世了他都赶不回来，因而很伤心，他想做人做到这个地步干什么呢，然后就开始戒掉一切不良的交际应酬。之后他才发现，原来没有交际应酬，生意照样可以做得很好。他说人都是找借口，自己喜欢那一套，就说那一套有用；自己觉得这一套没有用，果然发现也没有什么用。

大家看，一个是名，尚贤就是名；一个是利，难得之货就是利；一个是欲，贪欲，都是社会乱源。这三个比较容易接受，大家一听就明白。那为什么知也是弊端呢？难道知也有害吗？老子怎么说的？"是以圣人之治，虚其心，实其腹，弱其志，强其骨。常使民无知无欲。"圣人怎么治理社会，怎么治理国家？就是让百姓肚子吃得饱饱的，不要有太多心思，不要乱动脑筋。在上者不尚贤，不贵难得之货，不见可欲，百姓的虚荣心就不见了。

为什么现代人总要买名牌？就是那些贵妇动不动就拿名牌出来，让大家感觉自己没有用名牌就好像低人一级，再怎么样咬紧牙关也要弄个名牌。百姓的肚子填饱了，脑袋里花样自然就多，所以圣人才用虚其心来化除虚名、邪利、贪欲。这两句话是有连带关系的，首先你要让他吃饱了，但是吃饱了，他就会动花样，然后你才让他少动不正当的花样。政府的作用是防止这些不正当的花样，而不是鼓励人们有钱要奢华、有钱要破坏社会风气。我再说一遍，老天不在乎你有多少钱，它一点也不在乎，可你有钱败坏社会风气那就糟糕了。你有钱，正当地使用，造福社会，那很好。金钱不是罪恶的，你不会用，甚至滥用，那才是糟糕的，这要分清楚。

"弱其志，强其骨。"我们老鼓励人家要立志，其实老子是不赞成的。你立志干什么？大多数人立志做大事，立志发大财，现在更是一夕成名，一夕爆红，一夕暴富。一夕暴富的结果经常是一夕暴跌，人生是很自然地高高低低才可长可久。这种志当然是要加以转化，而不是加以禁止。强健体力如果用来争强好胜，用来仗势欺人，那还有什么好？所以老子告诉我们，你不要立志做大事、立志发大财，那都没用的。你要坚定你的志气，这辈子要好好提升你的品德修养，那才对。就差这一点而已。从孩子小时候你就要告诉他，考多少分不是很重要，做人要老实、做事要实在比较重要，然后再长大一点，做事情要勤劳、要负责，讲话要守信用，这个比考多少分都重要。

"常使民无知无欲"，很多人把这句话解释成，老子倡导愚民政策。老子不会那么傻，怎么可能倡导愚民政策？他的意思是说，一个人有欲望，辛苦的是你自己；一个人有知识，就很容易拿来危害社会。大家有没有发现，没有专业知识的人，危害不了社会，因为一下就被人看穿了；反而那些专业知识很丰厚的人，作假作了十几年都没有人看得出来，政府也查不到。那他当初读书的时候就想到要作假吗？绝对没有这种想法，就是从业以后，他慢慢发现原来自己这样做查不出来，所以才搞出这些公害。

这样，知识的弊端就出来了。所以《道德经》第十章，老子很坦白地告诉我们："明白四达，能无知乎？"意思是什么？就是来自四方八面的信息你都有，但你能不能拿出来玩弄别人，自己图利呢？

为什么一些人喜欢给大老板开车？就是他可以得到很多信息。大老板经常不把司机当人，我有时候跟大老板坐在一起，他跟我讲："现在没有人，我告诉你……"我心里想，前面开车的那个不是人吗？但我不好意思这样讲。那司机就很注意听。你讲股票，他就记住了，也去买那一只，轻轻松松就赚了很多钱。他会想，天下有这么好的事情？赶紧跟着老板做啊！开始赚了一点点，又赚了一点点，还赚，然后回去就把亲戚朋友的房子都拿去典当抵押，集了大笔钱跟进去，没想到一下子垮了，搞得负债累累。

可见，人不能够用自己的一知半解来干预万物。有的人就是会用知识经济来欺骗广大的民众。我们长期以来就是被知识经济所绑架，那谁叫你要相信知识经济呢？知识怎么会变成经济呢？知识是公器，不是私有的。现在就有很多不合理的事情，需要我们慢慢去化解。

第六章

知的智慧

一

知常曰明

《道德经》第十四章说："能知古始，是谓道纪。"什么叫古始？就是说道的作用自古以来，一直不断地在重现。所以我建议各位，要好好去读。读什么？我曾经讲过一句话，很多人听了都很不高兴，我说你读历史干什么，读历史读了半天都是死人的名字，都是过去的地点，而且不一定正确。那应该读什么？你要去读历史背后的道理，那才是最重要的。那叫作"道纪"，就是道行走的记录。历史是道从开天辟地以来所表现的轨迹，人把它记载下来，就叫道纪。道纪就是道的规矩、道的作用，自古至今一直在沿用，发展的轨迹就好像是道的记录。我们按照道纪而行，就可以跟天地万物的生化共同发展。

关于这点，老子只讲了简单的四个字，叫作"遵道而行"，实际上就在讲这些东西。道有一个纪律，有一条轨迹，它这条轨迹是不变的规则，但现象是万变的，你不要老在现象上面摸索，要找出那个不变的规律，按照它去走，就对了。

《道德经》第十六章，老子又告诉我们："知常曰明。"做人最要紧的是了解常道。其实真的了解了常道以后，你的很多想法就跟一般人不太一样了，因为一般人几乎一辈子都在非常道上面打转，从来没有接触过任何常道，这种人非常之多。大多数人穷其一生，都在非常道上面转来转去，他们没有机会，悟不到常道。少数人悟到常道，才是值得我们学习的。

《道德经》第三十三章："知人者智，自知者明。"一般的说法是知人难，知己更难，但是实际上要有更深入的解释。你知道别人，只是你有智慧而已，你要知道你自己，才是明白人，这个又比智慧高一点。一个人了解自己不是完全靠智慧。你观察别人的时候，可以完全靠智慧，因为没有利害关系，所以为什么我们说旁观者清，就是没有牵扯到利害关系，但是当局者迷。关键点就出来了，你要明，必须有道德，智慧再加上道德，就叫明，拥有这两种品质的人，就叫明理的人。

做一个明理的人是很不容易的，我们赞美人，其实最好的词是什么？高明，你真高明。高明比什么都受用。"你真有办法"这句话不好，"你真厉害"更糟糕。可见有时候你要赞美别人，要赞美得对方能够接受也是不容易的。现在很多人赞美人，最后都适得其反。"那个人好厉害"，那是不好的话，厉害就是常常骗人，常常玩弄人家。"那个人真高明"，的确高明，高明不简单，因为高明就跟天一样。

《道德经》第四十四章："故知足不辱，知止不殆。"这都是我们常听到的话，只是我们没有去做而已。如果一个人知足的话，就不会受到侮辱。但是现代人很难知足，多了还想要更多，升迁了还想要升得更高。"不要了，这样就够了"，做到这一点很难，这种人才是品德修养好。

现代人对"止"学很陌生，知足常乐，凡事还要适可而止，这个很难。那个"可"是变动的，就是你的一念之差。可，随时可以变不可，因为人有贪念以后，是控制不了的，就是因为控制不了，所以才要修。我今天讲得很坦白，这些难题就是你要做的功课。你有这个想法就对了，每次都想这是自己的功课，自己要怎么样才算是及格，是退还是持续进，这个时候都要去想一想，有的题目是进才及格，有的题目是退才及格，但是没有那种保持现状的，也不可能保持现状。

二

不出户知天下

《道德经》第四十七章很有意思:"不出户,知天下。"坐在家里面,不必出门,连房间都不必出,就可以知道天下的大事。有这种可能吗?这非常有意思。老子不是说实际的状况,他是讲假如你真的有这个本事。但这种本事不是一般人有的,而是极少人有。你要行遍天下,阅历很多又能够归纳总结,然后才可以退而"不出户,知天下"。这就是我们平常所讲的,见山是山,见山不是山。你一定要经过一段见山不是山,见水不是水,见什么不是什么,回头再说,见山还是山,见水还是水,那就不一样了。这个时候你才有办法"不出户,知天下"。

"不窥牖,见天道",就是不必透过窗子去看天,就知道天道。老子是在告诉我们,天道不在天上,天象不在天上。很多人老是说夜观天象,就一定出去观,观到最后一无所得,因为就那几颗星星,有什么了不起?大家千万记住,天象在社会众生相,天道在社会各种现象,两者都不在天上。

"其出弥远,其知弥少",跑的地方越多,跑得越远,知道得越少。为什么?你说我到了西班牙,但还不知道西班牙是什么?那是真的不知道。因为你进去之后,就具体到某一个地方,你看到街头有人在起冲突,就觉得西班牙好乱,其实别的地方并不乱。这一点大家可以随时验证。只要电视播出来说美国下暴风雪,你就赶快打电话给你的儿子,问:"你那里下了好大的雪吗?"结果你儿子感到很奇怪,说:"没有啊,风和日丽。"电视就是将一小点放大,结果搞得大家晚上都睡不着。你不看电视不就没事了?

现在很多人很奇怪,说我到过多少地方,你到过多少地方,有什么用?我问过一个在德国住了很久的人在德国多久了,他说:"十九年了。"我说:"十九年,好久了。"他说:"还好。"这种人就值得交谈。我说:"那你对德国了解不了解?"他讲的话我真的很佩服。他说:"刚开始一两年我觉得我很了解,越住得久了,越发现我真的不了解。"这才是老子的信徒。越深入越会觉得跟自己想象的完全不一样。

你到了北欧,发现那里的人很喜欢在家里升国旗。千万不要信导游的话,说那里的人很爱国。我刚开始也觉得蛮有道理的,就去问那里的人他们在家里升国旗是什么用意。他们回答说:"有什么用意?因为各家之间的距离都很远,我怕我朋友开车开到我这里才知道我不在,所以我回家就把国旗升上去,表示我在家,就这样。"这跟国家有什么关系呢?升别的还要去买,但国旗是现成的,拉上去就好了。

跑得越远的人其实越不了解，因为你坐在家里，已经抓到了根本的原则，就知道下一步是什么，八九不离十。

"是以圣人不行而知。"孔子走遍中原，对中原所有都很了解以后，根本不用看，你问他，他就知道。"不见而明，不为而成。"他不表现，不追求。他做了很多事情，却让人家感觉不出来，这不是他故意隐瞒，而是让人家感觉不出来他在做什么，因为一切都很自然。你在做什么，要做到让老百姓没有感觉到你很有魄力，很有计划，很有能力。

现代人就是不了解这个，老觉得我怎么样怎么样，其实那都没有什么用。做到让老百姓感觉这个人真是了不起，历史上有三个人——尧、舜、禹。尧做了什么？做到万众归心，然后传位给舜。尧也不是随便传位给舜的，他将舜请来，把自己的两个女儿都嫁给他。现代人可能会觉得这个人太残忍，做爸爸的怎么可以这样做？尧这么做是为什么？他说："如果你连两个妻子都摆不平的话，能治国吗？"结果舜做得很好。那我要请问大家，为什么要把两个女儿都嫁给他？因为古代皇帝跟一般人不一样，他一定要多生孩子，不可能一夫一妻。既然一夫多妻，那姐妹之间比较容易互相照顾，不会互相残杀，后来果然是这样。赵飞燕如果不是她妹妹维护她的话，老早就被杀掉了。可见尧有先见之明，经过考验，经过不断观察，才放心地把两个女儿交给舜。

玄同于道，"玄同"这两个字是老子的一个很精要的思想，就是说本来是不相同的，但是你会很奇妙地把它看成相同，这就是你的智慧。我们还要加上德行，一个人光靠智慧是不够的，加上很好的德行，自然可以看得清楚，就会玄同于万物。因为万物与道是不分离的，知道一，就可以知道多。这句话非常重要，一就是一切，一切都是一，只要掌握到一，就可以掌握到一切。通乎一道，天下万物之理即可以尽知。一个人有玄同的基础，就可以不出户知天下。向外寻求就对万物有不同的对待，不可得其全。

现在电视一报道新闻，你报道这边，是偏的；他报道那边，还是偏的；报道两边，最后还是不齐全的。如果被问的人不够资格来回答这个问题，那就糟糕了。寻求越远，乱越多，越不知道真相。圣人不出行，不远求，便知道天下的事理，因为他掌握到一，可见这个一很重要。圣人不观察外界，就明白自然法则，不造作，不施为，就能够化成万物。其实很容易的，当大家都真的能够放松，能够很虚的时候，只要稍微动一下，所有人都有感应。之所以没有感应，就是因为你自己很执着，其实道理非常简单。

三

知者不言，言者不知

《道德经》第五十三章："使我介然有知，行于大道，唯施是畏。"一般人自认为没有知识，还能够安分守己，不敢胡作乱为；忽然间感觉自己有知识了，就想要把所学到的这点知识用到大道上，这个时候是最可怕的，就喜欢卖弄那一点点知识，因而乱用。比如孩子读书读得少的时候，不敢乱出主意，稍微读了一点书回来，就跟妈妈讲：妈妈你这个不对，你要这样做才好。

处于网络时代的今天，为什么孩子拼命要学使用手机？根本原因是只有这一点才能让他们在家庭里有地位。其他的事情都是妈妈比他行，就这点，妈妈只能服孩子。妈妈把老花镜戴上，看半天，还是弄不对。女儿心里想，平常都听你的，这下你该听我的了吧？这个大家一定要想清楚，否则没有办法跟孩子相处。你要告诉她，你会这个并不代表什么，因为技术是越年轻越好学，这是通例，不是只有你会。你要告诉她，不然她真的以为自己样样超过你，那就糟糕了。我就看过很多人，开始不听父母的话，跟父母有很多相抵触的意见，这是个危险的信号。等到有一天孩子需要你管他的时候，你已经管不了他了，他就完了。家长是孩子最后的安全阀，失灵了以后孩子就会很惨。

《道德经》第五十六章："知者不言，言者不知。"这句话是说，真正知道的人，已经跟道合一了，他知道怎么讲也讲不通，一旦言，就出乎所知的道之外，或者跟道对峙，变成不知了。这一段很重要，但是很难了解。有时候你不说还好，一说就误导人家了。所以，要么说清楚，让别人听懂，要么不说。千万不要说得含含糊糊，让人家回去想错了，搞半天，最后你还是要承担这个罪过，因为都是你教他的。你觉得很冤枉，但是已经造成事实。孔子在这方面也是如此，可以说的才说，不能说的宁可说不知道。要说就说清楚，交代明白，不要耽误别人。要么暂时不说，将来等对方成熟了，等对方差不多可以接受了，再说。

《道德经》第七十章："夫唯无知，是以不我知。"一个人自认无知，不会自我炫耀，不会刻意要成为众人的目标，这就是一个真正自由的人。其实一个人变成公众人物是很痛苦的。我们在台北经常可以看到很多公众人物，你看到他不打招呼，他觉得很不自在：你看到我，怎么不跟我打招呼呢？是不是你不喜欢我？你跟他打招呼，他也很不自在：连你都认识我，那我还得了。人都是自讨苦吃。

比如机场有很多人，戴着墨镜、鸭舌帽、围巾躲躲闪闪，他就是要你知道他，要不然打扮成这样干什么？其实你就很坦然，像一般人一样，人家反而不认识你。越是那种奇奇怪怪的人，我们越容易注意，仔细一看，哦，原来是他，就认出来了，这叫作越要掩饰，其实越明显，越引人来注意你。大家都知道这个道理，但是很难做到。

　　孔子也讲过同样的话："人不知而不愠。"人家不认识你，你应该觉得很快乐，因为这样才有自由。大家都认识你，你就惨了，一点自由都没有。我请问各位，现代人是比以前人更有自由，还是更没有自由？答案是更没有自由。因为随时有手机拖着你，随时给你录下来，随时上网。人还没有到家，全世界都知道了。所以现代人不敢讲话，要讲话时看东看西，还有什么自由？人类要争自由，老天就让你完全没有自由。在现代社会，其实最好安分守己，不出声比较安全。不用闪来闪去，你正正当当出来，他不一定理你；你在那边躲来躲去，他反而随时找到你。

　　《道德经》第七十一章就简单几个字，很有意思："知不知，尚矣；不知知，病也。圣人不病，以其病病。夫唯病病，是以不病。"老子是在讲什么？他说一个人知道自己还有很多不懂的地方，已经是上等智慧的人，因为有自知之明很不容易，知道自己还差得远，还有很多东西不清楚，所以暂时不要发表意见，先听听人家怎么讲再说。这样你才知道，你问别人有没有意见，他都先说没有，然后听来听去都不如他，他才讲，这是我们的一套。

　　"不知知，病也。"如果你不知道，又偏充知道，认为自己什么都知道，认为自己已经很内行了，那就是有病了。"圣人不病"，圣人没有毛病，因为他们知道这个就是毛病。我们一般人不知道这个是毛病，所以经常有病。"夫唯病病，是以不病。"因为他知道这个是病，所以他不会病；反过来我们因为不知道这个是病，所以经常有这个毛病。老子的语法是比较特别的，他随时告诉我们"反者道之动"，可他经常是正言若反，好像用反的方面来讲事情。

　　修道人最怕不知道，但是明道行道，最怕就是自认为知道，这不矛盾。因为要知道是很困难的，你要花很多时间。如果说你有不知道的，那还可以不断地知道；一旦知满，你就装不进去任何东西了。很多人一讲到《道德经》，就说："哦，这我知道，我师父跟我讲过了。"他就什么都听不到了。师父讲的就那一套，所以他永远这样传下去。你听听别人的想法有什么关系？不知是一，知反而是二。你知就有对待，不知只有一，就是不知。知有正反、对错、高下，既已知道而能够忘掉自己知道，复返于无知，这才是真知，这个才了不起。

　　你真的无知，别人是看不起你的；你有知，别人就认为你狂妄高傲，不跟你合作。如果一个人能从无知到有知，然后又返回无知，大家就会说这个人了不起。他本来可以骄傲的，可他居然不骄傲；他本来很有办法的，居然这么清静；他本来可以高高在上的，居然跟大家相处得很好。就是这么一转折下来，大家发现这就是"8"字形，"8"旋转90°就是无穷大。我们要走的就是这条路。

四

知者不博，博者不知

《道德经》第八十一章："知者不博，博者不知。"有智慧的人，深切了解事物的道理，他所知不必广。大家看，经书都没有几本。你说不会啊，光是佛教的经就有很多。其实这个我再三讲过，佛教只有一部经，这话是释迦牟尼佛自己讲的，"我只有一部经"。

释迦牟尼讲了两句话，大家好好听，第一句话，他没有传过任何教。他不是骗人，而是告诉你不要执着于他的话。他的话随时在变，但是万变不离其宗，就那几句而已，一多了就杂了。第二句话，他一共只有一部经，甚至于他最后只有一个手势，拈花微笑而已。但是我们一般人，一部读完还要读第二部，最后累死自己。

我讲完这话，很多人都赶快问到底是哪一部，大家都非常紧张，怕读错了。答案很简单，哪一部就是那一部，那一部就是哪一部。那个一真是很玄妙，一理通，万理通。一句话就讲清楚了。你好好读一部经，不管《金刚经》也好，《心经》也好，读一部就够了，它不可能自相矛盾。知者不要博，博就杂乱了，博的人就是不知。知识广博的人是舍本逐末，他不是智者。

老子所讲的"知"大概有两种解释，给大家作为参考。第一种，求知认知的能力，各有高低，无法强求，这是天生的。比如，有人一点就通，有人点了半天还是不通，有人多点几次才会通，都不一样。这就是为什么要因人而用不同的教法，而不是千篇一律。第二种是知识，能用、合道、有益才行，否则都是多余的。

现在流行送孩子出国求学。我警告这些父母，把孩子送出国，送一个丢一个。老实讲，孩子到了国外，我们都是送他们到那些精华的地带，那些破旧的、乱七八糟的地方，他们根本没有机会去。我到纽约，朋友就告诉我，四十二街不能去，哈林区不能去。偏偏我是反者道之动，你说不能去我才去。很多人就不敢去，那就了解不到那个地方了。我们要了解一个地方，就要了解它好的一面和坏的一面，阴的一面和阳的一面，否则怎么叫知道？我们选最亮丽的季节去，去参观最精华的地带，去吃最好的东西，住五星级饭店，那你去干什么？所以越走远越不了解，就是这个意思。

智慧越高，知识越多越好；智慧不高，知识越多越糟糕。会不会用很重要。会用，知识越多，就用得越好；不会用，知识越多，结果把自己都困死在里边。比如，很多人讲话前后矛盾，就是因为他一会儿这样，一会儿那样，没有办法做到一。所以，大家一定要了解什么叫作一，那是至关重要的东西。

第七章

人生三宝

一

无我方谓慈

人生有三大宝贝，其实这三大宝贝叫作"天之道"，就是自然的规律。《道德经》第六十七章，老子说："我有三宝，持而保之。"这三宝你不能够丢掉，要长期去保持，而且要终生去实践。是什么？"一曰慈，二曰俭，三曰不敢为天下先。"

慈是什么？慈不是爱，而是无我。老实讲，一个人做到无我才会慈，所以真正的勇就是慈。世界上最勇的其实是妈妈，你不要小看父严母慈，好像把父亲跟母亲看成不一样。实际上这里头含有的意思是，做母亲的是比较无我的，爸爸有时候还会想到自己，有时候会把自己的孩子从车上踢下去，大家都知道这个人叫刘邦，但母亲从来不会做这种事情。

老子在《道德经》里面一共提过三次"慈"，可见他对慈是很重视的。第十八章，老子说："大道废，有仁义；智慧出，有大伪。六亲不和，有孝慈；国家昏乱，有忠臣。"这里讲的是一般人没有办法想象的。因为我们总认为，仁义是最好的，智慧是最好的，孝慈是值得鼓励的，忠臣是我们学习的榜样。但是，老子告诉我们，在国家很太平的时候，就不可能有忠臣，因为没有需要。老板不好，才有人说我们要死谏；如果老板好，你活得很快乐，死谏干什么？可见魏徵的出现，其实对唐太宗是一种侮辱，就是唐太宗不行，要不然要魏徵干什么？我们读书只是读到一面，另外一面没有去想到，就是阴阳不能兼顾。

"大道废"，老子讲废，就是说，大道不可能废，是很多人没有看到那么高，退而求其次，以为仁义就已经足够了。其实不对，仁义要建立在大道上面，才叫作真的仁义。如果大道不见了，仁义差不多都是假的，就叫假仁假义。假仁假义越来越多，这是很可怕的。

"慧智出"，为什么老子不用智慧，而用慧智？就是告诉大家，有智慧，就有假的智慧，他为了把它分清楚，就叫它慧智。真的智慧当然是好的东西，但是假的慧智就是最大的骗子，骗得好像他是最好的人，把所有的人都骗光了，这个叫慧智，不叫智慧。

"六亲不和，有孝慈"，如果家庭很和谐的话，就不需要讲你要孝顺、你要慈爱，就是家里有那种叛逆的孩子，你才会很感慨地说，现在孝道已经不见了。

"国家昏乱，有忠臣。"国家昏乱的时候，你才会想起，忠臣都跑到哪里去了，平常根本不需要忠臣，要这个干什么？

《道德经》第十九章里，老子讲得更有意思。他说："绝圣弃智，民利百倍；绝仁弃义，民复孝慈。"我们一般认为圣智是非常好的，老子不反对圣智，他只是告诉我们，一旦圣智变成文，就是表面的、装饰的、虚伪的、假的，那就很麻烦了，就会害死老百姓。如果仁义是假的，老百姓就不会孝慈；如果是真的，老百姓就会孝慈。

"绝巧弃利，盗贼无有。"严官府出厚贼，这句话是千真万确的。你管得越严，他脑筋动得越快。"此三者，以为文，不足。故令有所属。"圣智、仁义、巧利，从字面上来看绝对是好事，可是如果把它当作形式、当作表面、当作你的白手套去伪装，那就非常浅薄，当然是不足的。

所以，老子认为你要圣智，你要仁义，你要巧利，就必须有好的基础。什么基础呢？就是这八个字，叫作"见素抱朴，少私寡欲"。"素"是什么？原始的、没有经过染色的东西，很纯洁。世界上有很多很纯洁的人，但是他们不知道纯洁也有个问题，就是比较容易上当，因为人家一沾染你，你就染上颜色了。所以我们读到这里，要知道后面还是有问题的，还要继续研究下去。"朴"是什么？没有经过开琢的玉石都叫朴。一块原石买回来以后，你真的不知道它价值有多高，要一刀切下去，才知道值多少钱，而且那一下怎么切很重要，因为一刀下去就没办法重来了。"少私"，之所以用"少"，是因为人难免有私欲。我再说一遍，老子所讲的欲望，不是指我们吃饭或者是男女之间的爱好，都不是。凡是我们本能的需要，都不叫欲望，本能需要之外的那种欲念才叫欲望。寡欲不是叫你一点欲念都没有，而是叫你尽量减少。

老实讲，这八个字看起来很容易，做起来真的很困难，够我们修大半辈子的。当欲念没有起来的时候，浑然一体，自然无为。看不到有为的指向就叫朴，一旦落入有为那就不朴了，那时候好坏马上就出现了，利害关系就引得你不可能不争。所以我们老说人不要争，其实不是那么容易的。争比较容易，但是争到最后一定是两败俱伤，没有一个得到好处。整个世界都是一样的，谁想得到好处，最后都伤痕累累。因此，《道德经》是当今人类救世的妙方，值得我们去深入研讨。

老子在以上这两个地方讲的慈，其实都还在伦理的范围之内，那"三宝"里的慈，指的是什么？这里面的慈，比我们一般人所认识的要更广。他说，你要把老百姓当作赤子，赤子就是那种还没有受到污染的婴儿，应该尽力加以维护，这是需要极大的勇气的。因为我们多半对孩子难免也有一种商业的眼光，这个孩子聪明，值得投资，就让他到国外去念书，将来会有回报；那个家伙没有用，干脆不要读书了。这个根本不是做父母的本性，但是现在也难以避免。

老子在《道德经》第六十七章中讲："慈，故能勇。"慈就是无我，对万物没有欲，才能够真正地给予其关怀，这才叫作大仁。我想把这朵花摘到我家去，所以我就看住它，不让大家破坏，这是好事吗？绝对不是。我并不在乎这朵花将来落到哪一家，因为它是有生命的，我就发自内心自然地去照顾它，至于将来怎么样，我不在乎，这个才叫慈。我们现在很难做到这一点，因为我们从小就被教导要懂利害关系，要知道结果怎么样，值不值得。其实值不值得这个问题，不是一般人所能够了解的。什么叫值，什么叫不值，根本不知道，如果你一开始就来问值不值得，这是不好的现象。

"仁者无敌"应该这样来解释，就是当人没有私心的时候，没有他一定要怎么样的时候，根本不跟任何人争的时候，谁都争不过他。这一点大家真的要好好去体会，这个是要靠体会的，不是靠背诵，或者是领悟、想象的，那都很难。

大家或许有过这种经验，比如下象棋的时候，你一心一意想赢，最后反而赢不了；你说无所谓，输赢有什么关系，却经常赢得很开心。为什么？想不到的赢那是最开心的，想都没有想到才叫惊喜，如果算得到就不叫惊喜了。

有两个成语，一个叫作"心想事成"，另一个叫作"事与愿违"。什么时候把心想事成跟事与愿违分清楚，你对自己就比较有把握了。记住，无心种花，花经常开得很好；有心插柳，柳就给你捣蛋，你想它长它就是不长。这都是非常有意思的事情。所以大家真的应该好好去想一想，我们现在通常只看到有限的东西，慢慢要进入无限的境界，那就比较宽广了。

以父母爱子女之心，来爱天下万民，保育之，长成之，这才叫作神圣的天性。我们为什么说神明了不起，就是因为它没有私心，不管你是谁，它能帮忙都帮忙，不该帮忙就不帮忙。我们一般人多半有私心，多半有利害关系，那个不叫慈，顶多叫爱。其实爱是挺可怕的，因为爱到最后就是恨，而慈不会生恨，所以慈和爱，大家真的要好好区分。我们宁愿慈，少去爱，因为爱一定有分别心，一定要把它占领，最后变成嫉妒心，然后恨就出来了。

《道德经》第二十七章讲得更有意思："是以圣人常善救人，故无弃人；常善救物，故无弃物。"圣人没有善跟不善的分别，这不是是非不明，不是糊涂。为什么？第二十七章接下去就讲了："故善人者，不善人之师；不善人者，善人之资。"一般人看不懂这是什么意思。老子说，好人是什么，就是不好的人会向他学习，这样才叫好人。那不好的人呢？就是把这些坏人当作镜子，发现原来自己是好人。所以，无论是好人还是坏人，都有价值。

  从这个角度去看，才能够解释为什么圣人没有弃人，也没有弃物，没有一样东西是可以弃掉的。没有烂掉的花，你怎么知道花是会烂的，你要去保持它？没有坏孩子，你怎么知道这个孩子值得我们鼓励？但是鼓励他的目的，是要他做榜样，而不是欺负别人，不是在别人面前夸耀他。所以，我在学校的时候，常常告诉那些成绩好的人，我说你千万不要骄傲，你要感谢那些成绩不如你的人，因为他们考的分数少，才显得你多，如果他们都比你多，你就是最后一名了。其实，人为什么要谦虚？不是做给别人看的，是做给自己看的，一般人都是做给别人看，那就是虚伪，就是表面，就叫"文"，文是不足的，那很浅薄。

  "不贵其师，不爱其资，虽智大迷，是谓要妙。"一个"师"一个"资"，我们现在就叫"师资"，培养师资。如果看到比你好的人，不会珍惜，不会向他学习；如果看到不如你的人，不会自爱，不会去照顾他，那你有什么智慧呢？根本就很迷惑。迷惑什么？迷惑于现象。老子跟孔子都告诉我们，不要只看现象，因为现象是千变万化的，随时都在变，看事情要看现象背后的道理，这样才知道谁是真的，谁是假的。

二

尊道贵德方能俭

"二曰俭",俭不是节俭,而是自我约束。所以读老子的书,不要用我们平常脑海里面所想的那种解释去说明它。俭指自节、自律、自约。节俭就是吝啬,吝啬是我们很讨厌的。俭是什么?俭是八个字:当用不省,当省不用。该用不用那就不俭。你存了半天,就是要这个时候用的,如果连这个时候都不舍得用,那你留着干什么?

"俭,故能广。"如果不俭,你施得很广就很容易穷。你再有钱,普度众生,很快就没有钱了,所以也必须俭才能走得长远。像这些要考虑清楚。钱是不能乱花的,但是钱是不能吝啬的,那个度非常重要。该给的不能少,不该给的一毛钱不可多,绝对不能说这钱是我赚的,我想怎么花就怎么花,那是不对的,因为不合大埋。

俭不完全是物质方面的,精神方面也要俭,浪费精神其实比浪费物质更可怕。现在太多的人在浪费精神，我们会把它说清楚。圣人是不得已而临天下的，不是去抢天下。所以，我为什么说我们很不适合出来竞选，一句话就讲清楚了：我有才能，我很想奉献，我有服务社会的心，也有这个能力，我还要来拜托你选我吗？想都不要想，你求我，我还不一定出来，这才对。

我每次都这样举例，你升了官以后人家说"恭喜啊"，你会不会说这是自己争了三年才争到的？那一点价值都没有。"恭喜你升官了！"你的答案只有一个："这没有什么的。我真的不想当，是让不了，跑不掉，不得已才当的。"那叫什么？叫圣人，圣人是不得已而当之。所以很多人真的不了解，推不掉才了不起，抢不到很丢人的。如果你能以慈待天下，以约守天下，那什么事都可以不用做了，因为大家会发自内心地认同你，会来参考你，会来向你学习，然后检讨自己，这样才叫无为。无为不是什么都不做，老实讲，无为要做的事情其实比有为还难得多。

《道德经》第五十九章说："治人事天，莫若啬。"大家注意，不是"吝"，是"啬"。啬是什么？就是爱惜精神，节省知识。爱惜精神大家比较容易理解，就是说要经常闭目养神，因为精神耗掉太多以后，你的体能就会受到影响，那时候你就会觉得虚弱，碰到该做的事情，你就会很后悔，早知道应该把精神留到现在，以前浪费太多了。但是节省知识，就有很多人难以理解了。

老实讲，《道德经》在现代科技发达、资讯传播非常之快的时候，更显出它的重要性。因为今天的知识经过网络传播，多半是断章取义，很容易被扭曲的。现在知识的传播经常是片面的，被扭曲和误读是非常容易的，这是现代人一定要很小心的。

现代人一切都要求快，所以本来二三十个字才能讲清楚的，变成十个字，那就糟糕了。然后看的人就只看五个字，还自己猜出一大堆意思，那天下怎么会不大乱呢？

"夫唯啬，是谓早服。"早服就是提前，尽早去服从道。第一个，大家现在是不信道了。这是人类最大的危机，连道理都不相信，你还信什么？第二个，把道解释成知识，那也完了，因为道是不能用知识来传播的。现在很多人就把《道德经》当作知识来看，实在糟糕。道是要你亲身去印证的，当你走过的时候，才知道原来是这样的，否则永远不清楚。尊道而贵德，是唯道的结果，不是口号。口号是没有用的。你亲身体验了，就很自然会感觉到，自己不能离开道，因为这辈子就是要遵从道去走，这样才有交代，否则都是浪费，都是白做。人最要紧的是不能白活一辈子，不能枉走这么一趟，否则问题非常之多。

"早服，谓之重积德。"人这一辈子来，就是要修德、积德，其他都是假的。修得越重，带回去的东西越多，留给子孙的也才是真的东西。我们现在常常留给子孙假的东西，最后会害了他们的，你要留给他们真实的东西。我们一直讲积善之家，却很少说富贵之家，我们对"富贵"这两个字真的很提防。因为一富贵，孩子就会养成很多不好的习惯。有个小孩子，去吃饭的时候大声吆喝服务员："我叫你拿东西，怎么这么慢？"旁边的人觉得很奇怪，这孩子怎么会这样说话呢？后来发现，边上有一个大人也在那里大叫，服务员你怎么怎么样，然后这个孩子就说："我爸爸叫得比我还大声呢。"有其父必有其子。我这里要严肃地讲，孩子的坏习惯多半是父母养成的，做父母的真的要负很大的责任。

"重积德，则无不克。"这句话是说如果一个人的福分够，就是积德够，碰到任何困难就会很容易克服。"无不克，则莫知其极。"碰到事情就顺利过关，就不会觉得自己到底要受苦受到哪一天，没有这种想法，你就开始不怕困难，事情反而更容易做成。

所以"天下无难事"其实很容易解释。就是说，当你心中不把它当作难事，它就慢慢不难了；你心中一直觉得难，那就越来越难，因为心想事成。"莫知其极，可以有国。"当你不知道这些都是困难的时候，你就有能力来治国。"有国之母，可以长久。"懂得怎么样领导，才可以长长久久地担任这种"不得已"的任务。

我们很服从道，所以有一句话，"大位天定"。老实讲，以前被指定为太子的人，都是很虔诚地要向老天表示，从现在开始要怎么样做，不停地告诉自己责任重大，现代人因为没有这些修养了，所以越来越辛苦。好在我们还很放心的是，现在担任重大职务的人，他们有一个优点就是抗压性都很强，这个值得我们学习，要是一般人很早就已经垮了，但是他们不会，各有生存之道。

《道德经》第四十一章讲得更有意思："上士闻道，勤而行之。"有些人现在就是这样，当听到道理的时候，不会说好也不会说不好，他没有什么反应，就想：去做吧，不做做看怎么知道是真的还是假的？这叫上士，是上等智慧的人。他不会一下说这个好，这个不好，也不说接受不接受，他都没有反应，反正先去做做看，做不好再试试看，做得好也再试试看，最后才知道合不合乎自己。

"中士闻道，若存若亡。"中等智慧的人，听到道理的时候，好像听懂了，又好像听不懂，所以很多人觉得自己很注意听，怎么听得迷迷糊糊？中等智慧的人，最起码有智慧。

最可怜的是什么？就是下士。"下士闻道，大笑之。"他一听到道理，马上大笑，说不可能，乱讲。人家就不是这样讲的。"不笑，不足以为道。"道就是让他笑的。

一般人是很容易走上偏道的。我现在很严肃地问各位：为什么走正道的人永远比走偏道的人少？答案是非常简单的，如果走正道的人多，那神佛就没有功能了，他们完全可以休息了，他们的存在就是因为人们需要。"下士闻道，大笑之"，才显得道的高深可贵。所以以后你讲什么事情人家笑了，你应该很高兴：我讲得还不错，居然有人大笑。现在的年轻人很喜欢用大笑来作为反馈，其实是自暴其短，这是很糟糕的。

《道德经》第四十一章接着又讲"广德若不足"，是说道德的范围很广大，好像永远不会满，这个"不足"在这里解释成不满。一个人修德，要修一辈子，不可能满，因为满了就要溢出来了，就会变成反效果。不自以为多，好像永远不足，你才会持续地去修，这个时候就要讲到一个词，叫作"谦卑"。你会很谦卑，因为人外有人，你已经修养得很好了，还有人比你更好，你还要以他为榜样，向他学习。而最高明的莫过于天，天一点不计较，从来不发牢骚，你讲什么它好像听得懂，又好像听不懂，这是最高明的。

三

不争才能成大器

"三曰不敢为天下先。"慈跟俭,大家应该都没有疑问,当然应该慈,也应该俭,但是对"不敢为天下先"很多人就有疑问了,因为时代不同了,现在要敢为天下先,要创新,要跑到最前面。其实听听老子的话,看看他的真意是什么,再做决定比较好。

坦白讲,敢跟不敢都是不好的。因为敢也是人为的,不敢还是人为的,所以这句话不要把重点摆在"不敢",应该摆在"为天下先"。"不敢为天下先"是什么意思?就是不争。争先恐后,最后没有好结果。但是这些事情,对现代人来说真的越来越遥远,因为现代人看得没有那么长远,没有那么深入。

"不敢为天下先,故能成器长。"一个人不敢为天下先,反而获得大家的拥戴,所以能够成为万物之长,真正成为大器。这样各位才知道,我们走到门口一定要让一下,这个时候你才知道谁心目当中有你,你在大家心目当中有什么样的地位,否则你真的无法定位你自己。人平常定不定位不重要，定位是为了一旦需要的时候，知道原来是这样的，否则那时候后悔都来不及了。这一点大家一定要深入去了解。我们不是说我要神气，我要尊严，而是我们必须要知道，当我们最危急的时候，谁会救我们。

我年轻的时候要出国，孩子还小，我有责任一定要把他托付给一个值得我信任的人，否则我们夫妇出去了，回来发现他出了事情，那就终身遗憾了。不能随便托，因为这不能错，别的事错还可以补救，这种事错是无法补救的。那怎么办？我就用试的办法，那是最清楚的。我那时候在台湾交通大学，我们有上班的班车，一上去，不管谁坐在我旁边，我就开始试他。怎么试？我就说，今天十二点有人要找我，能不能麻烦你跟守卫讲一下，十二点的时候我在哪里。我看他怎么反应。他要是说你不会自己打电话给守卫，我就知道他的本性了，这种人是不接受人家请托的，我就很高兴，幸好没有托给他。你要这样去试，不是用猜、用看面相的，那是不对的。要是有人说好，也不一定是真的。那我怎么知道？很简单，我就到十一点五十分的时候，直接打电话给守卫，我说我十二点在哪里，守卫就告诉我，某某人已经告诉他了，我就知道这个人是可靠的，我可以把孩子托付给他。这才叫作科学，不然什么叫科学？你要用实际行动去试。所以你说实证，其实中国人是最讲实证的，不要随便听，不要随便想，不要随便看，不要随便相信，要自己试试看，这一招一定要记住。

《道德经》第二十八章中的这几句话真的是我们不得不佩服的。老子说："知其雄，守其雌，为天下谿。"首先我们一定要知道，雄是先，是强，是动；而雌是后，是弱，是静。这两个是同等重要的，但是宁可守柔，也不要持刚；宁可退一步，也不要往前走一步。因为只有这样，你才知道哪个是雄、哪个是雌，否则只是凭表面做判断而已。这个人我让他，他会不会让我？如果我让他，他让我，我下次可以更放心地让他；如果我让他，他不让我，我就要开始斟酌了，我要让他到什么地步，最后那个底线要守住，不然人家会笑我懦弱。人可以柔弱，但是不可以懦弱，那个度很重要。会下象棋的人，其实多半是不会先下的，他会让你先下，因为他看你前三步，大概就知道你的实力怎么样了，就知道用什么策略了。下象棋不要让对方输得很惨，也不要让对方赢得很多，不然他就不想跟你下了。你老赢他，他怎么会愿意跟你下？你老输，他也没有兴趣。就是要让他赢、输、赢、输……赢得很困难，输得也不容易，他才会有兴趣，就会说"再来，再来"，你才有人陪你下棋。

我们要知道雄是怎么个表现法，但是因为雄强就表示有智无德，最后是会吃亏的，所以我们必须要自处于低下，耐得住寂寞，而且悠然自得，不为人知，方能长久。人的勇敢是最后才需要拿出来的，不是随时随地表现的，那样会招惹太多的敌人，一辈子痛苦。比如你得罪人了，人家要找个人教训你，那他会找个弱的去吗？肯定是找个最强的，那你就完了。这样各位才明白，为什么武侠剧里连练功夫都不让人家知道，都是三更半夜练。不像现在，什么黑带、红带，直接系在身上。现代人真的很糊涂，自己还觉得很聪明，其实这才叫可怜。"你几段？""我半段都没有，哪有你那么厉害。"我就很安全。所以我们不是说假话，是说妥当话。

很多人没有这种体会，老是觉得自己很了不起。你有什么了不起的？你能够守得住、耐得住，才是真的了不起。像我这么大年纪了，假如有人碰到我，问我最近怎么样，我都说没什么，吃饱闲着，没干什么。我绝对不会讲我在做什么。让他感觉到我是废物没有事做,我才会轻松,他才不会来找我。如果我说我还在做什么,那糟糕了,别人就会找来了,那我不是自找麻烦吗?人不要自己找麻烦,要保护自己,才能长久。

"知其白,守其黑,为天下式。为天下式,常德不忒,复归于无极。知其荣,守其辱,为天下谷。"老子讲得一层比一层难。知道雄,要守雌,比较容易,因为这两个各有利弊,你会知道自己守雌不会输给守雄,还是有一点利害关系在里面的。

下面这个就比较难了,我明明是有学问的,很清楚事情,但还是要装不知道,装糊涂,那天下人很快都会向我学习。这是为什么?了解知识的追求,才能够把知识转化成修养的功夫。这句话大家一定要牢牢记住。一个人所有的知识,如果不能转化成品德修养的功夫,那这些知识就是没有用的,最终受害的还是自己。守其黑,很可能是无知的,只是品性好。无知的人是很可怜的,专门被欺负,专门上当,专门受骗,没有人同情。但是如果你知其白,你就是最大的凶手。比如现在全世界的人,没有人知道核电厂是好是坏,因为太复杂了。凡是说我知道的,就是疯子。日本受核爆炸的影响,最后衡量来衡量去,还是要核电厂。其实对核电厂,我们目前是有办法的,只是很多人看不起那个东西。

再后面一层是最难的。大家都知道荣是很可敬的,辱是很可耻的。一个人如果能够做到我知道怎么做会得到很大的荣耀,怎么做会得到很大的耻辱,但是为了公,我宁可受耻辱,宁可不要荣,骂就骂,无所谓,总有人出来讲公道话,这才是最难的。荣耀是大家都争着要的。我不能做败德的事,但是居于公的立场,我还是愿意牺牲自己,我个人挨骂受辱没有关系。"为天下谷",

这种人是天底下胸怀最宽广的人。

　　这里有一句话是长期被误解的："非以其无私邪？故能成其私。"这句话大部分人怎么解释？他用无私的表面功夫来得到最大的自私。如果这样解释，说这句话的就不是老子了。但是很多人是这样理解的，所以老子长期以来都被说成是阴险、奸诈的阴谋家。这句话应该解释成正因为不自私，反而成就了自己。这个"成其私"是成就了自己的什么？成就了自己的本性。人就是要在紧要关头，不是为自己，而是真正为国家、为社会挺身而出，做出牺牲。但是，我们很反对盲目的牺牲，因为身体是很难得的，不能随便拿身体来做赌注。

第八章

法治与德治

一

修德以弥补法治之不足

社会为什么会乱？就是我们一直讲的，大家要讲礼节，但是没有一点真正的关心。你让我讲礼节，那我就很有礼貌，但是我一点也不关心你。我请问各位，当你到我家，我看到你全身都被雨水淋湿了，你是喜欢我很有礼貌地说"哎呀，欢迎光临！好久没有看到你了。你来得不是时候，被雨水淋成这个样子，小心不要感冒了"，讲一大堆没有用的，还是我二话不说，直接拿一条干毛巾来给你擦擦雨水，拿件干的衣服给你换呢？你肯定选择后一种，对不对？我跟你讲一大堆有礼貌的话，最后却让你着凉感冒了。而我直接采取行动，好像显得我不注意礼节，好像很没有礼貌的样子，但是对你是很有帮助的。

人要求的是实质上的关怀，而不是表面上的礼貌。所以我们才会讲，礼多必诈，要小心那种对你非常有礼貌的人，这种人经常是存心不良的。忠信很薄的时候才会讲礼，而礼就是社会混乱的开始。道浑然为一。老实讲，这个"一"非常重要。我一再说，如果我们把一搞清楚，就什么都懂了。一就是一切，一切都是一，没有个别之分。二开始就分了。三、四、五、六，越分越多。道没有上下，没有深浅，因为它无所不包，是人有深浅，有高低，有大小。现代人要自救，必须奉行老子说的"三宝"，"一曰慈，二曰俭，三曰不敢为天下先"，且以慈为先。

现代人偏重于法治，但是我请各位一定要记住，法治不过是基础，修道、行道更安妥。

我们要明确，德是离道的第一步。我在这里要特别强调一遍，人从一出生就有偏道的倾向，只是每个人偏的不一样，叫作个别差异。你偏这边，他偏那边，各有所偏，所以我们不能要求一致的标准，因为所需要的不一样。德是什么？德就是"得"。那得又是什么？就是得乎道。依道而行，有所得，就叫德。但是当我们开始去修的时候，不可能修得很全面，可能一修就修偏了，但是没有关系，由少变多，由偏而全，要逐步地来。

因此，我们不要对孩子要求太多。刚开始怎么样都可以，慢慢地再让他知道，这是终身要努力的，是一个漫长的过程。但是每个人的每个动作都有上下之分，于是就造成了不齐。这话我们应该讲得很清楚，人出生以前是众生平等的，可是一旦出生，因为后天的环境不一样，一出世就开始不平等。我们必须了解每一个孩子都是不一样的，所以我们要给他不同的照顾，不能说别的孩子这样，我也要求他这样，那不可以。

《道德经》第三十八章讲得非常透彻，大家真的要好好用心去体会："上德不德，是以有德。"上德的人，没有德的观念，他们不会说自己这样做就是有品德的表现。凡是有心表示我在做好事的人，是完全没有功德的。这就是达摩那么辛苦来到东方的原因。达摩一百多岁才到东方来，他那么辛苦为什么？就是怕我们信佛教信错了，要不然那么老了还不待在家里，跑那么远来干什么？达摩来东方，是慎选方向的，他跟释迦牟尼走相反的方向，从东来，不从西来。

他第一站从水路来到海南，然后到广州，从广州到南京，正好是从东来。那他到南京干什么？就是要看梁武帝，因为那时候的梁武帝是佛教推崇者。梁武帝对佛教非常有贡献，他见到达摩就讲自己盖了多少寺院，做了什么什么，讲了一大堆，结果达摩怎么说？他只讲了四个字："毫无功德。"他一点不客气。圣人就应该这样，醍醐灌顶，该讲话的时候一句不能少。你有什么功德呢？当你有了"功德"的概念之后，就完全没有功德了。

这样各位才知道，为什么我们做好事都用无名氏，连名都不留，就表示我是纯真的。上德的人，是完全没有德的概念的。我有什么德？我就是行道，遵道而行，我该这样做就这样做，根本没有计较有没有德，所以反而就有德了。修道人应该无心、无我、不争、无名。

"下德不失德，是以无德。"有人到庙里去拜，带着比较好的祭品，放在那里，看看不对，又把别人摆的祭品挪开一点，把自己的摆在中间一点，再看看，再搬一搬。你眼睛老是看着那个，还去拜什么呢？

上德为什么有德？因为"上德无为而无以为"，上德的人一切顺乎自然，无心要做什么。我看到一条狗，好像受伤了的样子，我看它有什么需要的，就帮帮忙，然后就走了，我没有说一定要问狗的主人是谁。而有些人整天在那里搞这个搞那个，一点用处都没有。否则我们要修功德就很容易，玩你丢我捡的游戏就好了。我丢五块钱你捡到了,你去报功;他丢十块钱我捡,我有功,那大家都记功,全是假的。大家慢慢就能体会到,凡是有形的东西都是非常容易造假的。"下德无为而有以为",有意做任何事情,虽然顺自然,但最后还是无德。

再看下面:"上仁为之而无以为;上义为之而有以为;上礼为之而莫之应。"为什么都是上仁、上义、上礼,而没有下仁、下义、下礼?因为那根本不用提了,连上仁、上义、上礼都没有用,还提下仁、下义、下礼干什么?"上仁为之而无以为",虽有作为,虽有一本诚心,但还不能叫上德,只能叫上仁。"上义为之而有以为",有所作为,而且是非很清楚,最多是上义而已。"上礼为之而莫之应",这个很妙,我对你有礼貌,或者他对你有礼貌,你居然不懂得回应,就表示你是不懂礼的。"则攘臂而扔之",就是抓住他,你过来,我教你,你这样不对,人家对你这么有礼貌,你应该回应他。

"故失道而后德,失德而后仁,失仁而后义,失义而后礼。"下面这句话是一般人没有办法接受的:"夫礼者,忠信之薄,而乱之首。"失义而后礼,在老子眼中已经离道很远了。如果失礼而后智,会怎么样?这就警告我们,现在动不动就讲知识经济,其实是非常可怕的事情。用那种半生不熟的知识骗自己就算了,又拿来骗别人。这种事情十分常见,一个新的产品出来,他就告诉你,经过测试实验证明绝对安全,然后过三个月出了事情,说"哎呀,我们当时没有注意到这个因素",然后深深一鞠躬,说一句"对不起",他非常有礼貌,但是已经因此死了三个人了,有什么用?老子不反对任何事情,人必须要进步,我们需要知识,但是后面还有一段,他会更深入地来说明这件事情。

"前识者,道之华,而愚之始。"前识者就是自以为有知识的人，但是他只是看到道的表面，没有了解到道的本体，道的本质，"而愚之始"，就是自己骗自己的开始。所以老子一直提醒我们，要很小心地去应对知识，否则会为它所害。现在到处都是一知半解的人，然后自己觉得很懂，就开始批判这个，批判那个，最后搞得自己很可笑，非常可惜。

一个很年轻的妈妈，推着个小孩子，她就开始想了：为了我的儿子，为了他的未来，我必须怎么样怎么样。她说的没有一句话是错的，但是她的根本是错的。因为她不知道怎么样才是对他好。大前提都不知道，你讲那些有什么用？我们经常讲九十九句真的话，来包装那里面的一句假的话，而我们自己却不知道，这个就叫作愚人。

自以为聪明的人是自愚愚人，夸耀自己的知识，揭人之短，以他人的愚，来显示自己的智，结果自己才是最愚蠢的人。我再说一遍，孔子和老子是一模一样的，只是孔子从正面说，老子从反面说，他们从不同的面来讲同样的真理，你朝这个方向去想就对了。人一定要有知识，没有知识很可怕，但是有了知识以后，要用自己的德行来好好用它，一旦乱用就糟糕了。没有知识的人不可能乱用，有了知识就很可能乱用，这是老子最介意的事情。

表面上愚弄了别人，实际上愚弄了自己。要怎么办？《道德经》第三十八章说："是以大丈夫处其厚，不居其薄；处其实，不居其华。故去彼取此。"大丈夫重视真正的德，所以他是以德为厚，而礼是薄的，他一定以忠信为主。看到这里，你又会发现，老子不反对任何事情，他讲了半天，并没有说要把礼去掉，我们不要礼。他说你要礼可以，但是你一定要忠信，以忠信做基础，礼就没有错。其实我们很重视礼，但是我们要有一个分寸。

那个分寸很重要，对什么样的人，要礼到什么样的地步，要心中有数。过分就是巴结，就是奉承，就是谄媚，那都是假的；不够就是不敬，不敬是自己修养不好。所以凡是给别人不敬的感觉的，其实都是自己修养不好。不讲究虚华，仁、义、礼并不是说不好。哪里不好？我们是说，它必须用道或者上德做根本，才有德；只强调仁、义、礼，用作手段，用作工具，用作装饰，那就失德了。

有了这样的解释，我们再回头看这一句话，就非常清楚了。"绝圣弃智，民利百倍；绝仁弃义，民复孝慈；绝巧弃利，盗贼无有。"然后我们再看，秦朝重法，是不是失礼而后法，因此造成"法令滋彰，盗贼多有"。秦朝法令严苛，管得越严，社会越乱。那时的人们有一个想法，就是当社会富有以后，会更有秩序，对不对？后来才知道，不行，只要一让他有钱，他比谁都霸道。我们不能还有那种老的观念，说当知识普及了，当大家生活安定了，我们的社会就会好，没有那回事。人往往越穷的时候越小心，稍微有钱有势的时候，就比谁都厉害。这才叫作人性。人性其实是蛮可怕的。

我刚才一再讲，因为人性可怕，所以我们才必须修道。如果人性好，那我们根本就不需要修道。孩子一出生就对每一个人都很好，那叫木头人。这种现象就是吊诡。如果你的孩子一出生就是一个小天使，那你就没有什么父母的责任了，给他挂一个条子，上面写着"天使到我家"，然后让他自生自灭。你试试看好了，天使马上变魔鬼，他随时会变的。

我们以前讲过，你的孩子会选到你家来，只有两个目的，一个是来报仇的，另一个是来报恩的。可是你算盘再怎么打得精，也搞不清楚他是报仇还是报恩。因为有的人很厉害，他会用报恩的方法来报仇，也会用报仇的方法来报恩，搞得你一点办法都没有。这就是要告诉你，你要死心，要算清楚他到底来报恩还是报仇这条路是不通的，你只有一条路走，就是不管他是报恩的，还是报仇的，都不要去管，你只要把他教导成是报恩的，就没事了。只有这一条路，没有别的选择。他从小你就要告诉他要守法，可是最后他却因为没有道德观念而出了问题，这种事情太多了。孩子生到你的家里面，你就有责任要把他引导到正面去，这是我们共同的责任，你放任他，最后是大家都受罪。

　　法治不是不好，而是它不够，所以我们要用道德补法治之不足，这才是我们的思想。我们不是否定法治，没有人否定法治，只是我们认为法不足以治理社会，必须不断地告诉大家道德、道德，这样他最起码会守法，守法之上还有一点良心，这个人就了不起了。人类的幸福是基于法律，但是一定要加上道德。

二

知足的满足才是永久的满足

法令的功能原本是防止盗贼，但它不过是治标的方法，怎么样治本？孔子倡导德治，以修德来补全法治。老子倡导降低欲望，使老百姓知足。我不知道你喜欢哪一个，其实老子讲的是更根本的东西。

可是我们现在的教育是从小就提高孩子的欲望。我们今天的父母最糟糕的就是不断在提高孩子的欲望。有很多人，一出差就忙着去找最新的玩具。我说："你都七老八十了，还在玩玩具？"他说："不是啦，买给我儿子的。"我说："你那么疼儿子？"他说："才没有。""没有？那怎么那么关心他？"他说："我儿子每次气我，就说隔壁家的孩子有新的玩具，他没有。现在我买回去，叫他也去气气隔壁家。"人类就是这么愚蠢，这样拼到最后全体都败了。败在哪里？败在人被欲望搞垮了。

《道德经》第三章说："常使民无知无欲。使夫智者不敢为也。"这两句话理解起来也很费劲，因为初听起来就是不合道理的。"无知无欲"那不是愚民吗？老子不可能提倡愚民。老子、孔子如果笨到用愚民政策，那他们的书我们根本就不用读了。愚民政策是不可行的。老子所谓的无知，是说你管得住的知识，才去学；你管不住的知识，不要学。不像现在，什么都要学，学得越多越好，学了干什么？我去学怎么做毒药，我去学怎么样瞄准射击，真是完全没有必要。我学防身就好了，干吗非要一下把人过肩摔？这个"无知无欲"，就是要约束自己，该学的才学，不该学的不要学。人的欲望，除了维持自己的生存必需之外，其他的越少越好。

一个人非常有钱，他有一百套西装，每次出去都伤脑筋，不知道穿哪一套比较好，这一套穿了不对，脱下来又换一套，每次出去都累死了。假定我们只有一套西装，那就很简单了，反正没有选择，穿了就出去了。这样各位才知道为什么学生要穿校服，就是让他们不要去想这些，不要把精力用在这些事情上面，反正就这套，穿了去上学就是了。如果学生的校服也开放，那就完了，每天要买新的，挑件衣服都花半个小时，哪有精力去学习？

"为无为，则无不治。""无为"就是不逞知，不逞欲。现代人几乎都是逞知逞欲的。"如果照我讲的去做，绝对没错。"你讲这话干什么？"我不会害你。我怎么会害你呢？"谁知道呢？讲这些话都是白讲。儿孙自有儿孙福，你无法料到以后会怎么样。老实讲，未来是谁都没有办法预测到的，这叫测不准定律。

人类为什么测不准？以前我们都很相信测得准，现在我们越来越相信测不准，原因就是人心善变。外界的变是因为我们人心的变，你一直叫大家要求新求变，那它就变给你看。这个天人感应是非常厉害的，只是西方人不了解，可是我们不能也不了解。想想是不是这样？你心里很干净，就觉得外面很宁静；你心里很聒噪，就觉得周围吵得要命，一切都是你的心在做主。

《道德经》第三十三章说："知足者富。"一个人如果虚静、除欲，不受外物的引诱，那这个人就是最富有的。我穿名牌干什么？做件衣服，上面弄个大大的商标，那我不就变成你的行动广告牌了吗？

"强行者有志。"努力去行道，才是真正有志气的人。所以父母要告诉孩子，一个人要立志，不要立志做大官，不要立志赚大钱，也不要立志干什么，那都没有用，都是假的，我们要立志行大道，行大道就是不断地提升自己的品德修养，唯一的真就在这里。"不失其所者久。"一个人常常处于道，越来越离不开道，就能长长久久。

"死而不亡者寿。"这句话也是常常被误解的，好像可以长生不老。老子从来没有要我们长生不老，他也不相信有长生不老。为什么？因为他自己也死了。如果他知道有长生不老、永远不死的办法的话，他自己不死才对。自有人类以来，没有一个人可以长生不老，可以永远不死的。

老子要我们自然生、自然死，但是他这里写"死而不亡者寿"，是什么意思？就是身虽然死，但是道还是长存的。老子的意思是说，身体只是这辈子用的工具，你逝去了就把它丢掉，但你的灵魂还在，下一次再造一个身体，然后再过一辈子。所以为什么说每个人只是旅客，只是地球上的过客，就是这个意思。你这辈子来是为了尝试不同的生活，要很有乐趣才对，不要羡慕别人。羡慕别人干什么？你总感觉自己这样也不对，那样也不对，就是跟自己过不去。其实，人最大的过不去的对象就是自己。别人根本不理你，你很郁闷，别人不会有什么感觉；你很开心，别人也没有什么感觉。

《道德经》第四十六章说："祸莫大于不知足，咎莫大于欲得。"不知足是人类最大的灾祸。所有的坏事都是因为不知足。我生平无大志，但求考及格，所以我读书读得很轻松，只要不及格我回去就挨骂，及格就没事。我爸爸的名言就是：考六十分是最难的，比考八十分还难，因为要考八十分只要拼命学就可以了，可是要考六十分还要稍加控制，不然就超过了。其实他是告诉我，不要制造紧张忙碌的气氛，因为人生是长长久久的，如果从小就把身体搞坏了，将来学习好也没有用。这是我体会到的，我爸爸不是真的叫我考试少考一点分，他不是这个意思，而是不想给我制造那种很紧张的气氛。

其实我在台湾师范大学读书的时候，我的同班同学很多是不太喜欢这所学校的，他们心里还是想转台湾大学，所以我们班上的同学很快就转了差不多四分之一。我没转是因为我爸爸在我小时候就讲，你就安心在这里读到毕业就好了。我爸爸是很有意思的，我考取大学，他告诉我的第一句话各位可能很难想象，他说你这辈子千万不要去参加高考。可是我的同学都说你要参加高考。后来我才知道，我爸爸是不想让我当官，讲没有用，直接把路切掉最好了，所以我一辈子没当官。那叫作从根切掉。可见，很多事情，做父母的在把关的时候一定要很小心，因为事后挽救是很伤脑筋的，还是事先防范比较轻松。什么叫无为？这就叫无为，事后补救那就是大有为。

贪得是天下最大的过失。我们说得很清楚了，没有钱很苦恼，有了钱很伤脑筋，钱刚刚好最理想。但是我们永远不知道，刚刚好是什么程度，人就是麻烦在这里而已。所以你自己要拿捏，很多事情都是自己要拿捏好那个度。照理说有一些储蓄，就不要再盲目去追逐金钱。因为人不能天天活在生存线上，那太辛苦了，有时候要好好地过过生活。生活跟生存是不一样的，孔子比较重视求生存，老子比较重视过生活，这两个一定要互补。

"故知足之足，常足矣。"知足的满足才是永久的满足，否则人永远是不满足的。永远不满足的人，终身都苦恼。所以孔子也讲，人老来要戒之在贪。

三

法治要提升为德治

《道德经》第七十四章说:"民不畏死,奈何以死惧之?"在老百姓求生无门的时候,他们非常不怕死,这时候你用死来吓唬他们,是吓唬不了的。"若使民常畏死"是什么意思?就是你如果多开生路,使老百姓怕死、不想死,"而为奇者",在这种情况下,还有人要作奸犯科、标新立异,"吾得执而杀之",你就可以把他抓起来,判他死刑,"孰敢",看谁还敢?老子讲话都是一步一步来,你让他找得到工作,能够过活,如果他还要标新立异,还要作奸犯科,这时候你抓他,大家都认为是应该的。

"常有司杀者,杀。"冥冥中有专门来杀生的天道。讲到这里,我们就不得不提到一个很重要的观念,因为现代年轻人常常看西方,说要有制衡,认为我们的社会没有制衡不行。其实最大的制衡就是天道,就是老天。很多人听了以后不以为然,问:那贪官怎么没有死?腐败怎么没有杜绝?坏蛋怎么活那么久?其实答案很简单，所谓天道，就是它有一定的规律，它不能乱杀人。某个人做官贪了很多钱，你觉得他贪了很多，但是老天爷觉得还不够，为什么？因为还不到那个标准，所以他又升官，让他再多贪一点；还是不够，还没有到恶贯满盈的程度，再让他升官；够了，那就抓起来。老天就是专门玩这种把戏，让你升，升到最后再抓进去。老实讲，升得越高，关进去后的落差就越大，就越辛苦。小官抓进去关三个月出来，没有效果。大家好好去想一想什么叫天道。没有人可以平白地占便宜而不需要偿还的。

"夫代司杀者，杀"，你代替天道来主持杀生，"是谓代大匠斲"，就好像你代替木匠去砍木头。老实讲，人家木匠砍木头有自己的一套办法，所以不会伤到自己。"希有不伤其手矣"，你代替木匠去砍木头，最后都是伤到自己。

我上面讲的这些话，大家真的要好好去体会体会。你不相信老天，就代替老天去做，你试试看好了。老子讲得很清楚，勇有两种，一种叫"勇于敢"，另一种叫"勇于不敢"。"勇于敢则杀，勇于不敢则活。"你长期去观察，都是这样的。因为那个时很重要，很多事情不是不报，是时还没有到。我们一般人都看表面，觉得社会怎么那么乱，其实社会是慢慢在走向有秩序。就好像我们人一样，一定要让体内的毒发出来，病才会好，否则老不让它发出来，老是压在那里，有一天会很麻烦的，就会有并发症。所以，我们吃中药时医生常常告诉我们，让它发出来，而不是压在里面。社会也是一样，社会有什么问题，让它爆发出来，其实是好事情，大家不要紧张，不爆发那才麻烦。

以法治做基础，逐渐提升为德治，人类才有真正的自由，否则人类只是法的奴隶而已。我请问大家，当你过红绿灯的时候，是什么心情？你是怕警察罚款，还是怕扰乱社会秩序？如果你是怕警察罚款，你会不会觉得，自己实在是太没有人格了？我们应该说，是不愿意扰乱社会秩序，才依照红绿灯而行，这才对。一个人过个马路，到处看有没有警察，那这个人完全是卑鄙小人。所以我的主张是这样，在市内就不要闯红灯。但是实际刚好相反，全世界的大都市没有一个地方是没有人闯红灯的，你去看看好了。美国纽约闯红灯的一大片，法国巴黎同样是这样。只要是大都市，几乎没有人不闯红灯。为什么？就是人太多了，都不愿意等。

　　早些年我在台湾开车，印象最深的是那时候我住在高雄，开车往北走，每次走到嘉义，按喇叭前面都没有人理我，前面的人都当没有这回事一样。那里的人心里想：看你敢怎么样？你下来试试看，看是你的腿断掉，还是我的手断掉？那我们就慢慢开，慢慢过来，有什么关系呢？人要有一个磨合期，千万不要老标榜自己很守法，别人不守法。

四

以德治国：老子为什么主张小国寡民

  如果我们有机会向老子请教说：您为什么主张小国寡民？我相信他一定会笑着说：我也讲过治大国，若烹小鲜。可见大小不是问题。

  我们先看《道德经》第八十章，老子说："小国寡民。使有什伯之器而不用；使民重死而不远徙。虽有舟舆，无所乘之；虽有甲兵，无所陈之。使民复结绳而用之。甘其食，美其服，安其居，乐其俗。邻国相望，鸡犬之声相闻，民至老死，不相往来。"这听起来好像老子不近人情，不了解时代的变化，一定要把我们拉回到从前一样，其实不是。正因为老子具有与时俱进的观念和思想，才能从变化中找出恒久不变的东西，才能从变易的现象中把握住不变的法则。如果不是这样，他何苦写出来，让后人当笑话呢？你看现在的国家，不管大小，不管实施什么样的政治体制，一定都有"社区"的概念。在社区里，人们彼此默契，把事情做得很好。这都是事实。

任何一个地方，它的文化绝对不是少数人登高一呼，或者行政命令一下，就可以改变的。文化都是自然孕育而成的。约定俗成的习惯经过长时间的沉淀和流传，就形成了风俗。中国地域广大，所谓百里不同风，千里不同俗。对于同样一个事件的处理，大家的方法不尽相同，这种状况很难改变。因为这是长期积累下来的结果，这是风俗使然。再说也没有必要一定要统一。领土一定要统一，对外一定要统一，但是对文化，我们主张求同存异。这非常符合自然。

"小国寡民"并不是什么都没有，也有"什伯之器"，现在叫兵器，但是不用。既然不用，为什么要有呢？当然要有，如果没有，人家就会趁这个机会来找麻烦。所以这是备而不用。"使民重死而不远徙"，"重"就是重视、珍惜，老百姓很爱惜、很重视性命，因此不随便向远方迁徙。有人说，现在人都是漂泊天下，以四海为家。那是只看到短期，没有看到长期。你有没有发现，很多人出去一阵子又回来了；很多人在外面待了一辈子，到老了，却又不惜千辛万苦，落叶归根。这些都是事实。人有时候因为很多情况，不得不远离家乡，但是内心都渴望，只要有机会就回去。

"虽有舟舆"，"舟"就是船，"舆"就是车。有车有船，但是"无所乘之"。你在这个地方待得好好的，没有必要乘船坐车去奔波。现在的一个严重问题就是人口大量向都市集中，造成很多麻烦。回头去看老子所讲的这几句话，是不是告诉我们应该想办法缩小城乡的差距，让很多人愿意留在家乡服务，而不必挤到城市里面去？我们这样对照一下，就会得到很多启发。

"虽有甲兵"，虽然有盔甲，有士兵，可是"无所陈之"，就是不必向外去展示，或者到处去演习，来吓唬别人。现在我们是不得已，因为大家都这样做，我们就不能不这样做。但是我们这样做，并不是说我们要跟谁比赛，或者非要压过谁。我们一直都认为那是没有必要的。人不犯我，我不犯人，可见老子对我们的影响是很深远的。

"使民复结绳而用之"，老子真的想要我们回到结绳记事的原始状态吗？绝对不是这个意思。读古人的书，不要局限于字面的意思，否则就变成文字游戏了。"结绳而用之"就是过单纯朴素的生活。如果有机会，再恢复古老的那种很简单、很淳朴的生活，你会怎么想呢？我想现在很多人，已经有这个觉悟了。放弃好职位高薪水，到乡下买一块地，招一些同道的人，实现自己的理想，这就是小国寡民。不求赚太多的钱，只愿意跟那些同道的人互动，过很愉快的生活。

"甘其食"，吃什么其实并不重要，感觉才比较重要。"美其服"，穿什么会漂亮，其实没有客观的标准。每一个民族都有不同的服饰，没法比较。"安其居"，虽然房子很简陋，是只要住得很心安，总比一天到晚恐惧，怕被泥石流冲垮、怕被台风刮走、怕被小偷偷东西要好得多。"乐其俗"，风俗习惯大家都很乐意遵循，就表示这里的风俗习惯是很优良、很合乎人性的，身在其中的人就不会老是去羡慕别人。人最怕的就是不断地羡慕别人，要向别人看齐，而不想做自己。

"邻国相望"，就像现在公寓的楼上和楼下，能听到彼此的声音。你家养了一只狗，我能听到叫声；你的小孩晚上哇哇哭，我也知道。这就叫作"鸡犬之声相闻"。但是"民至老死，不相往来"，为什么？因为我尊重你，你也尊重我。那我还打扰你干什么呢？但这并不是说人与人之间有很疏离的感觉。怎么会有呢？有事情还是大家一起来商量，没事就各自安居乐业，保持生活上的安宁，这有什么不好呢？因此，该往来的时候，要往来；该尊重对方的时候，要尊重。这是我们应该做的事情。

小国寡民，现在是不是已经实现了呢？我们今天换一个名词，把小国寡民叫成"社区"，英文是 community。现在很多社区，通常跟外面是老死不相往来的，它们也有守卫，但不是用来跟外面打仗的，好像也有点小国寡民的味道。

在《道德经》第六十章，老子又说了另外一番话："治大国，若烹小鲜。"煎鱼，要常常去翻才能熟，可是一翻就很容易把鱼弄烂，所以烹小鲜不能反复翻煎。意思就是说治理大国应该像烹小鱼一样小心谨慎，才能治理得好。

老子不反对大国，因为道本来是很大的，为什么一定要小呢？可是老子为什么要讲小国寡民？他的主要观点是什么？我们要深入讲一下。老子只是提出一种主张、一种构想，供大家参考。他的意思是说政治要跟人民的生活合一，要按照人民的需要来行事。老子的意思是说，要真心真意去体会人民的需要，看怎么样才能让他们生活得很安宁、很喜悦，然后就按照他们的需要去做。同时，要润物细无声，不要惊动他们，不要表现出完成这项工作就有功劳。

政治是为了人生，而人生不是为了政治。如果说我们本来就过得很好，有了社会，有了组织，有了政治以后，能做到四个字，那就是最高明的政治。哪四个字？就是刘备当年讲的"如鱼得水"，鱼生活在水里面，但并没有感觉到水有多重要。如果鱼感觉到水很重要，它就很紧张了，说不定哪天真的活不了了。

因此，最好的就四个字，叫作"返璞归真"。返璞是什么？

就是大家过一种虽有欲望，但是不过分追求满足，也不耽于享受的生活。现在的人，光满足不行，还追求享受，所以搞得大家都很辛苦。

《道德经》第六十章，老子接着说："以道莅天下，其鬼不神；非其鬼不神，其神不伤人；非其神不伤人，圣人亦不伤人。夫两不相伤，故德交归焉。"

"以道莅天下，其鬼不神"，用清净无为的道来治理天下，就算真的有鬼，也不会伤害人。"非其鬼不神，其神不伤人"，不但鬼不会伤害人，就算是神，也不会伤害人。大家也许会觉得奇怪，神会伤害人吗？其实神只要被人操控，被架空，被利用，照样会伤害人，这样的案例太多了。装神弄鬼的不就是在害人吗？"非其神不伤人，圣人亦不伤人"，不但神不伤人，圣人也不会伤人。大家也许又会觉得奇怪，圣人难道也会伤人？答案当然是肯定的。鬼不伤人，神不伤人，圣人也不伤人，"夫两不相伤"，明明是三个，为什么讲两个呢？鬼神是一对，圣人是一对，所以两可以包括三，包括四。"故德交归焉"，人们就可以不受打扰，安心修道了。

讲到这里，我们大概可以揣摩出老子的意思，人生苦短，就算你活得再长，也不过百年而已，这么宝贵的时间，要做什么呢？如果去做那些很无谓的事情，做那些伤害自己的事情，做那些对别人不利的事情，不是很奇怪吗？人类最主要是做什么？我们已经讲过了，就是修德。我们要返璞归真，就是把心收回来，不要老被欲望搞得晕头转向。这样才能去关注道所说的，才知道应该如何去做。

《道德经》第四十九章说："为天下浑其心。""其"，指的是治理天下的人，要替天下百姓做事情，必须要有很朴素、很纯真的心理准备，不能爱做什么就做什么。从政者要无常心，这个无常心就是庄子所讲的无成心。"成"，不是诚意的"诚"，而是成就的"成"。从政者无知无欲，没有私心，跟老百姓打成一片，常听他们的意见，但是又不完全听从他们。我们今天老讲，要听老百姓的声音，这对不对呢？老百姓各有各的生活方式，因为道是很宽广的，每个人都可以选择自己的生存方式，我们没有必要去管太多，但又不能不管，这是很奇妙的地方。

我们再回头看《道德经》第三章："圣人之治，虚其心，实其腹，弱其志，强其骨。常使民无知无欲。"真正好的政治家是怎么做的呢？就是要教化。其实从政者要做的事情就是教化而已。

"虚其心"，就是要净化老百姓的心思，不让他们有很多乱七八糟的想法，当然更不能鼓励。其实政府就要不建制，不鼓励，顺其自然，很多不良的东西自然就化掉了。因为老百姓也是很聪明的，他们会察言观色，会看社会的走向，然后决定自己该怎么走。

"实其腹"，要满足老百姓什么呢？就是口福，意思是吃饱饭不要多管闲事，不要整天出一些怪主意，而是要规规矩矩地把自己安顿好，把自己的道修好，做一个有德有志的人，对全世界、全人类都有贡献的人。

"弱其志"，就是说要削弱他的心智，不要让他一天到晚乱出主张。

"强其骨"，就是说要把身体锻炼好，因为只有锻炼好身体，才有时间来修道，否则一天到晚生病，怎么还有空闲来做别的事情？所以老子要我们看重身体，因为身体虽然不是目的，但却是很重要的手段。没有身体，还修什么道？有了身体，不修道更糟糕，那就是为非作歹。

"常使民无知无欲"，没有知识就没有妄念，这不是禁欲。中国的圣人从没有要求我们禁欲，没有要求我们把所有书都烧掉。因为他们知道这些做法都没有用，尤其是现在的网络时代，随时上网都可以看到各式各样的东西。其实我们更应该佩服老子，因为在当下的网络时代，大家更需要无知无欲，否则上网一看：哎呀，我都可以做原子弹，然后再跟着学，那不糟糕了吗？一个人面对各种各样的知识，要看自己会不会筛选，能不能自制，会不会把自己看作地球上的客人。如果不能的话，那就很容易为非作歹了。

在《道德经》第五十八章，老子是这么说的："其政闷闷，其民淳淳；其政察察，其民缺缺。"政府就是要让百姓过得很温暖，过得很幸福，过得自由自在。看起来好像昏暗不明，什么都没有做，可是老百姓生活得很自在、很安宁，而且品德也越来越好。这是什么道理？就是说老百姓有更多的时间去专心修道。假如一个国家老百姓的品德修养不断地提高，什么事情都自己管理得好好的，那还需要太多的法令吗？当然不需要。"察察"，就是看起来有条有理的意思。什么都看得清楚，百姓也会感觉到处受约束，到处受管制，然后就认为，为政者这样做就是鼓励他们投机取巧，走旁门左道。因此，百姓的品德自然越来越坏。

老子直截了当地说，法治会破坏社会的和谐，但是又不可以没有法，因为法宁可备而不用，也不可没有。老百姓自动去维护，自觉遵从法律，这就好像没有法令存在一样。我请问各位，你为什么不敢闯红灯？我想很少有人会告诉你，闯红灯会被罚款，因为这样回答显得格调太低。所以对这个问题，大部分人的回答是要遵守交通规则，秩序才不会乱。坦白讲，大家就是怕违法才不敢做的。其实我们应该这样想，不要干扰别人，不能让别人不安全，别人不安全就是自己不安全，那就是品德修养的问题了。这样就不是依法行事，而是依道而行了。法的功能是提出一个规则，告诉我们应该怎样做，也就是帮助我们走上道的正常途径。

现在我们老觉得社会问题多，就是因为某种力量在表示它的不满，它发泄出来，让我们去找根源，然后去化解。

第九章

为人类谋福

《道德经》与现代科技

当我们想到未来的时候,心里都很明白,未来是会变化的。明天跟今天不一样,正如今天和昨天不一样。但是,一方面我们知道未来会有变化,另一方面我们心里也明白它不会变到哪里去。如果我们连这点信念都没有,那还怎么活?如果新的一天来了,太阳却不升起,甚至一夜之间天翻地覆、沧海桑田,这还得了?所以,我们相信宇宙是有秩序的。虽然一切都在转动,但这些转动,有其规律性,我们把它叫作自然规律。不然的话,我们对未来没有一点把握,那我们会感觉到这实在太可怕了。

因此,我们就有一个要求,即希望能够在安定中求进步。这就叫作稳定发展。所以,我们就需要对未来做出合乎常理的预测。大家一听预测就觉得是迷信,这是不对的。预测是科学的。有些人用预测来欺骗大家,来玩花样,那另当别论。儒家和道家都重视未来的发展,人类如果没有未来的话,怎么可能安宁呢?于是,他们就想找到一个方法,借以建立一个稳定社会的秩序。儒家用的是什么呢?就是"一阴一阳之谓道"里面阳性的概念。

他们主张利用伦理关系，来建立仁义礼智信的社会秩序。我们可以说，儒家是以乾卦为指导的，儒家的社会秩序是刚性的、进取的，同时也是天赐的。

道家老子所走的路，跟儒家是不太一样的。老子采取的是阴性的诉求，也就是"一阴一阳之谓道"里面阴的部分。他透过自然现象，而不是伦理关系来描绘未来社会的图景。他想把人类与生俱来的那种大道的力量发扬出来，而不是用礼教教化的方式。

因此，儒家是刚性的，道家就采取柔性；儒家是进取的，道家就是退让的。孔子说这是天赐给我们的，老子就说人是生来要秉承这个道的。他们不是互唱反调，而是分头并进，殊途同归。所以，在他们那个时代，两人的主张是没有分别的。后来的读书人为了研究方便，慢慢把它们分成儒家和道家。最后越分越细，好像两家南辕北辙，合不到一块儿。其实没有这回事。

儒家所重视的是人与人之间的关系，所以是人本位的；道家所重视的，是人和宇宙的契合。所以，真正讲起来，天人合一的部分反而是老子讲得比较透彻。人当然重要，但是人一定要配合天。人所有的作为，都要合乎自然，这是老子的主张。

实际上现在有很多科学家都在研究老子，其中有一位非常出色，就是研究中国古代科学技术史的学者，叫李约瑟。李约瑟写过一本书，名字就叫作《中国科学技术史》。他在书中写得一清二楚，道家思想是中国科学技术的根本。他用"根本"这两个字，可见道家对中国科技发展之重要。他认为道家对天地的推究和洞察，完全可以和西方亚里士多德以前的希腊诸贤相媲美。希腊的学术思想，后来变成科学的根源。他认为，他们的主张有很多相同之处。老子的思想也可以变成中国科学的基础。

其实，科学不像哲学，是不应该分国界的，那为什么李约瑟会特别指出他研究的是中国科学？这也是值得我们去思考的。西方很多科学思维是有缺陷的，它们没有老子"道"的思想，才使得今天的科学变得畸形。如果能够把西方的科学和老子的"道"结合起来，科学的发展就会走上正途。

李约瑟甚至公开表示，他是皈依道家的外国人。日本第一位获得诺贝尔奖的物理学家汤川秀树感慨地说，中国古代的科学如果能够沿着道家的轨道一路走下来，也许就会顺利地开展。李约瑟认为，现代西方的科学因欠缺了老子"道"的指引而误入歧途。汤川秀树对此更是心知肚明。

美国也有一位物理学家，叫作卡普拉，他在西方被看作现代道家的代表人物。从这些方面，我们可以看出，老子的《道德经》在全世界都受到重视。大家都很用心地读他的书。卡普拉说，在传统的学术当中，只有道家提供了最深刻、最完美的科学理论根据。它以其特有的生态智慧，指出自然的和谐发展和生生不息之道。

还有一个例子，就是发明塑胶的那位科学家。他研究出塑胶，但很谨慎，他就跟公司讲，这个东西虽然做出来了，可是我没有办法分解它。任何东西，只能把它做出来而无法分解它的时候，这东西永远是个问题。所以，他请求公司延迟生产，再给他一段时间来研究分解的方法，以及确定是否会对环境造成不良的影响。公司嘴上说得很好，可一转身就大量生产。结果，这个发明塑胶的人，上吊死了。因为他内心不安，他觉得自己做了坏事情，他对不起人类，对不起整个宇宙。

老子的哪几句话对科学产生了重要影响呢？《道德经》第二章说："有无相生，难易相成，长短相形，高下相倾，音声相和，前后相随。"结论是什么？"反者道之动。"有和没有，是互相生成的，无可以生有，有可以归无。难和易，是互相促成的，如果没有易，就显不出难；如果没有难，就显不出易。正因为别人的成绩比你好，才显得你的成绩不怎么好。所以，那些成绩差的人，他们的贡献就是衬托出了成绩好的人。这不是什么消极思想，这就是事实。长和短互相比较之后才知道谁长谁短，并不能人为规定说，多少长度以上才叫长，多少长度以下就叫短，这不可能。高跟下，如果没有比较，也无从呈现。音和声是彼此应和的，这样大家才知道，什么是低沉，什么是高亢，什么是轻柔，什么是阳刚。前和后也是结合起来才看得出来。所以，单独一样东西，很难看出个所以然来。

老子对这种情形加以总结，归纳出一个原则，就是"反者道之动"。一切事物都是相反对立的，但是它们会返本复出。尤其是有无相生，这句话对科学有特别大的帮助。我们用现在的话来讲比较简单，就是说从 0 到 1 这个过程是科学家最感兴趣的事情。从 0 到 1，就是老子所讲的，无生有。怎么从这个无当中去生有？这个就给了科学家很大的启发。我们讲创造发明，其实并不是说把完全没有的东西创造出来。因为老子的"无"代表很多看不见的"有"，现在，绝大部分原料基本上来源于地下，然后经过特定的加工，就创造出某种产品。这就是科学，就是由 0 生 1 这个过程所带来的成果。

《道德经》第五十八章又告诉我们："祸兮，福之所倚；福兮，祸之所伏。"相反的两方面，它们会经常互相转化。其实，整个科学就是循环往复的运动过程。我们从"上善若水"中可以获得印证,水为什么那么珍贵?就是因为水会转化。水可以变成很多种状态,我们最熟悉的起码有三种:一是气态,二是液态,三是固态。如果水不能这样变化的话,恐怕也不足以成为近乎"道"的东西。大家从水的变化中,在水由气体变成液体,由液体变成固体,再从固体变成液体,从液体变成气体的过程中,来了解科学,来认识科学。只可惜,我们长期以来,只把《道德经》当作文学,当作道学来研读。

如果说,我们只有工艺,没有科学,那么这种话也很牵强。你看我们现在很多出土的东西,一直弄不清楚是怎么保存到现在的。这就证明古代的科学技术,直到今天我们还弄不清楚,那为什么不反思一下呢?当时的中国,重视"四书""五经",重视考试,而那些技术人才却得不到应有的尊重和重视。他们没有机会升官发财,只有默默地耕耘。

但是,我们不能够忽视他们的贡献。其实,我们已经讲过,道家最关心的就是人与自然的和谐共生。现在全球遭受那么多的污染,气候异常,我们不应该继续像19世纪、20世纪那样,拼命盲目地发展科技。我们不应该再说"21世纪是科学的世纪",反而应该说"21世纪是环保的世纪"。现在一些高耗能行业的发展,应该受到一些合理的约束,我们应该多花费一点心力来爱护我们的环境,来保护我们赖以生存的地球。

现在的人最大的问题是什么?就是把精神和物质分开来看。现在,全世界的人都盲目地要求物欲的满足。当今世界,当我们把"迷信"消除了以后,连带着理想也没有了。大家认为,人只是一种动物而已。在西方有一门学问,叫人类学,人类学的最终成果就是证明了，人本身没有什么了不起，人类只不过是动物的一种而已。这种观念对我们的言行和生活都产生了很大的影响。如果一个人把所有注意力都集中在物欲的满足上，他的内心一定是很空虚的。你看现在的小孩子，长得白白胖胖的，皮肤细细腻腻的，头发梳得整整齐齐的，但是你再仔细一看，总有几个呆呆的。我讲这句话也许严重了，但确实如此。一个人没有信仰，没有信念，什么都不相信，就一定完了。现在人类已经退化成了饮食男女。科技的发展，如果通通是配合人类口腹的需求，那这算科技吗？科技越发展，越应该告诉我们，人类的价值在哪里。

我偶然看过一个电视栏目，大概是讲一个时尚女郎，她从外面回到家，一进门就把高跟鞋一脚踢开，皮包一扔，酒瓶一开，然后傲慢地对别人说，我的皮包有几十个，你想要哪一个，随便拿。电视制作人浪费了那么多宝贵的时间，那么多宝贵的资源，制作这种节目，他的理想在哪里呢？

这种人不迷信，但是，不迷信并不代表就是对的。现在，我们物质的欲求得到了充分的满足。如果古代的皇帝看到这些，他肯定连皇帝也不要当了，就做个小老百姓。可是，当今有很多人，患上抑郁症、失眠症，晚上吃了安眠药都睡不着，整天弄得自己紧张兮兮的，整天觉得压力太大，这又何苦呢？

当代的人，固然要学儒家的积极奋发、刻苦耐劳，但也应该想想老子告诉我们的道理。科技把我们从忙碌中解放出来，科技使我们有了更多的空闲时间，可是我们却没有借用科技带来的便利和时机把我们的品德修养好。

讲到这里，我们还是应该感谢大自然。因为大自然不说话，可是它会显现出很多的现象，让我们透过现象去寻找它背后的"道"。你看，如果没有金融风暴，如果没有欧洲债务危机，如果没有日本的核电厂事件，我们还是糊里糊涂，认为世界一切皆好。发生这几件大事以后，很多人开始反思。长期以来，大家一直说人定胜天，一切问题都可以用科学来解决，现在我们才知道，好像不是这样。事前再怎么保证，事后都是两手一摊，最终没有办法。这就是我们亲眼看到的现象。人力固然非常强大，而且越来越强大，但和自然的力量相比，人类的力量还是非常微小。人力很难抗拒自然。所以，我们还是要回过头来调整我们自己，只有顺应自然，才能够得到理想的幸福。

幸福，不取决于外在的因素。这很容易理解。当每一个人都穿得很好看的时候，就表示没有一个人很好看。一个人穿名牌，人家也许会看他一眼，他还值得炫耀。当所有人都穿名牌的时候，那他算什么？他跟大家还不都是一样？这就没有价值了嘛。幸福，只是内心的感觉。是不是很舒畅，是不是很安定，是不是很喜悦，别人不知道，只有当事人自己心里明白。但是这种内心的感觉来自哪里？来自你的道德修养。

世界上的事情，永远是变动的。因为变动，所以每个人都有机会。如果万事都是固定的，那就糟糕了。阶级是固定的，但阶层是变化的，所以值得每个人去追求上进。我们应该把阶级和阶层好好区分开来。其实，我们当下需要的是什么？就是反省自己的能力。只有随时反省自己、调整自己，才能够使自己回归正道。如果大家都能这样，那科技的发展也是好事情。

现在的人，太重视"有"了。一定要有能力，有能力一定要表现，一定要有作为，作为要让别人知道，凡事都有办法，要有魄力……我们忘记了，人力是很有限的。我们的作为，别人是不重视的。同时，所有的事情，都是做不完的。我问你，钱赚得完吗？就算你很有钱，但和比尔·盖茨一比，你还算有钱吗？再比如，就算你的公司唱片多畅销百分之一，但是，百分之一算什么呢？所以，我们才要多加警惕，要知道人的能力是有限的。我们现在所做的事情，就数一句俗语讲得最清楚：抓了一只老鼠，跑掉了一只羊。为了抓老鼠，而跑掉了一只羊，损失太大了吧！现在，人类已经开始反思了：工业革命好吗？当然有它的好处，但是坏处也很多。商业发展好吗？当然有它的好处，但是弄得大家满脑子想的都是钱，一点别的追求也没有，人就变成钱的奴隶了。现在什么都要量化、标准化，但吃饭有没有量化，有没有标准化呢？我们讲了半天，只要冷静下来思考一下，就知道通通经不起考验了。这些都是拿来骗别人，骗自己，最后骗大伙儿的。

《易经》所讲的道理，应该是21世纪全球化最有效的指南，而老子和孔子都是从不同的角度来解释《易经》。这两位圣人的思想对我们来说都很重要。因为，作为一个中国人，我们要求儒、道、释三教合一。

"天之道，利而不害；圣人之道，为而不争。"这对我们是有很大启发的。自然的规律就叫"天之道"。后来，民间把"天之道"的"之"字，念成了"知道"的"知"，变成了"天知道"。其实，天知道就是讲的天之道，它是利物而无害的。"圣人之道"，就代表人间的道理，多力行，少争取。让我们共同来遵守天之道、圣人之道。这对地球村的发展，一定会产生正面的、积极的、有价值的影响。